O SEGREDO DE TODAS AS COISAS

ANDERSON LUÍZ
Master Coach

O SEGREDO DE TODAS AS COISAS

Para uma vida
PRÓSPERA e
BEM-SUCEDIDA

ALTA BOOKS
EDITORA
Rio de Janeiro, 2021

O Segredo de Todas as Coisas - Para uma vida próspera e bem-sucedida

Copyright © 2021 da Starlin Alta Editora e Consultoria Eireli. ISBN: 978-85-5081-560-2

Todos os direitos estão reservados e protegidos por Lei. Nenhuma parte deste livro, sem autorização prévia por escrito da editora, poderá ser reproduzida ou transmitida. A violação dos Direitos Autorais é crime estabelecido na Lei nº 9.610/98 e com punição de acordo com o artigo 184 do Código Penal.

A editora não se responsabiliza pelo conteúdo da obra, formulada exclusivamente pelo(s) autor(es).

Marcas Registradas: Todos os termos mencionados e reconhecidos como Marca Registrada e/ou Comercial são de responsabilidade de seus proprietários. A editora informa não estar associada a nenhum produto e/ou fornecedor apresentado no livro.

Impresso no Brasil — 1ª Edição, 2021 — Edição revisada conforme o Acordo Ortográfico da Língua Portuguesa de 2009.

Produção Editorial Editora Alta Books **Gerência Editorial** Anderson Vieira **Gerência Comercial** Daniele Fonseca	**Produtor Editorial** Illysabelle Trajano	**Marketing Editorial** Lívia Carvalho Gabriela Carvalho marketing@altabooks.com.br **Coordenação de Eventos** Viviane Paiva eventos@altabooks.com.br	**Editor de Aquisição** José Rugeri j.rugeri@altabooks.com.br
Equipe Editorial Ian Verçosa Juliana de Oliveira Luana Goulart Maria de Lourdes Borges	Raquel Porto Rodrigo Ramos Thales Silva Thiê Alves	**Equipe Design** Larissa Lima Marcelli Ferreira Paulo Gomes	**Equipe Comercial** Daiana Costa Daniel Leal Kaique Luiz Tairone Oliveira Vanessa Leite
Produção Textual Wendy Campos	**Revisão Gramatical** Hellen Suzuki Fernanda Lutfi	**Diagramação** Joyce Matos	**Projeto Gráfico | Capa** Joyce Matos

Publique seu livro com a Alta Books. Para mais informações envie um e-mail para autoria@altabooks.com.br

Obra disponível para venda corporativa e/ou personalizada. Para mais informações, fale com projetos@altabooks.com.br

Erratas e arquivos de apoio: No site da editora relatamos, com a devida correção, qualquer erro encontrado em nossos livros, bem como disponibilizamos arquivos de apoio se aplicáveis à obra em questão.

Acesse o site **www.altabooks.com.br** e procure pelo título do livro desejado para ter acesso às erratas, aos arquivos de apoio e/ou a outros conteúdos aplicáveis à obra.

Suporte Técnico: A obra é comercializada na forma em que está, sem direito a suporte técnico ou orientação pessoal/exclusiva ao leitor.

A editora não se responsabiliza pela manutenção, atualização e idioma dos sites referidos pelos autores nesta obra.

Ouvidoria: ouvidoria@altabooks.com.br

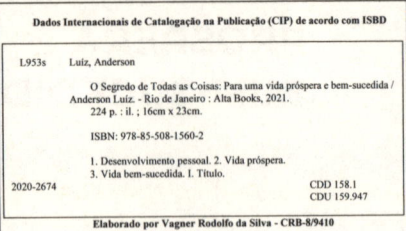

Dados Internacionais de Catalogação na Publicação (CIP) de acordo com ISBD

L953s   Luiz, Anderson
          O Segredo de Todas as Coisas: Para uma vida próspera e bem-sucedida / Anderson Luiz. - Rio de Janeiro : Alta Books, 2021.
          224 p. : il. ; 16cm x 23cm.

          ISBN: 978-85-508-1560-2

          1. Desenvolvimento pessoal. 2. Vida próspera.
          3. Vida bem-sucedida. I. Título.

2020-2674   CDD 158.1
                                                                     CDU 159.947

Elaborado por Vagner Rodolfo da Silva - CRB-8/9410

Rua Viúva Cláudio, 291 — Bairro Industrial do Jacaré
CEP: 20.970-031 — Rio de Janeiro (RJ)
Tels.: (21) 3278-8069 / 3278-8419
www.altabooks.com.br — altabooks@altabooks.com.br
www.facebook.com/altabooks — www.instagram.com/altabooks

ASSOCIADO

Dedico a Deus,
por me dar vida e saúde.

O MELHOR PRESENTE

Se você ganhou este livro como presente de alguém é porque essa pessoa se importa muito com você. Tudo que descobrirá neste livro, se colocado em prática, mudará radicalmente a sua vida. Aqui coloco boa parte do meu conhecimento e energia. Seja grato eternamente a quem lhe deu este presente — e, se ele fizer sentido para você, faça o mesmo a outra pessoa.

SOBRE O AUTOR

Anderson Luíz é CEO do Instituto Brasileiro de Treinamentos Avançados (INBRATA), Master e Trainer de Programação Neurolinguística. Empresário no setor de e-commerce, autor e palestrante com vasta experiência, conta com mais de 15 anos dedicados a área de comunicação, marketing e desenvolvimento humano.

Com MBA em Marketing, MBA em Gestão Empresarial e Mestrando em Psicologia, ele é hoje uma das referências em treinamento de desenvolvimento humano no Brasil, criador do Método T.E.S. — um dos maiores treinamentos do mundo de desenvolvimento humano sistêmico. E além de ser pesquisador assíduo e apaixonado por neurociência e psicologia comportamental, é especialista em marketing digital e marketing de conteúdo.

@ANDERSONLUIZMENTOR

ANDERSON LUIZ

ANDERSONLUIZ.COM.BR

AGRADECIMENTOS

Agradeço, primeiramente, a Deus, por me conceder saúde, alegria e me dar a oportunidade de fazer o que eu amo. Jesus Cristo é o Senhor e Deus da minha vida. Gratidão a todas as pessoas que sempre acreditaram na minha missão de transformar e impactar vidas, aos meus irmãos, aos meus parceiros de missão e à minha filha, Laura Luiza, um presente de Deus em minha vida.

Gratidão ao meu pai, Seu Benedito, que já partiu deste plano, mas foi com quem aprendi a me tornar o homem que sou hoje. Gratidão à minha querida mãe, Dona Casturina; com ela aprendi o que é amor incondicional.

Gratidão aos mentores parceiros de missão, com os quais aprendi presencialmente ou por meio de suas obras: Anthony Robbins, Paulo Vieira, Wendell Carvalho, Michael Ribeiro, Polozi, Pablo Marçal, José Roberto Marques e Jim Rhon, dentre outros. Esses homens têm dedicado suas vidas a uma missão que vai além deste plano — a de mostrar para o ser humano que estamos aqui para ter uma vida abundante.

Gratidão pela pessoa que está com este livro nas mãos e prestes a ter uma das maiores mudanças da sua vida. Dê o seu máximo, leia até a última letra desta obra, tendo a certeza de que você não será mais o mesmo.

SUMÁRIO

Prólogo — xiv

Introdução: O Despertar — 1

Capítulo 1: Crenças — 17

Capítulo 2: Significado — 37

Capítulo 3: Comunicação e Fisiologia — 51

Capítulo 4: Autorrealização — 67

Capítulo 5: A Colheita Vem Somente Após o Plantio — 83

Capítulo 6: Alavancagem — 109

Capítulo 7: Energia: O Poder da Atração — 121

Capítulo 8: O Poder das Palavras: Materialize Seus Sonhos — 133

Capítulo 9: A Mente Mestra — 145

Capítulo 10: O Medo que Paralisa — 157

Capítulo 11: Maestria — 167

Capítulo 12: Luz e Sombra — 177

Capítulo 13: Códigos da Prosperidade na Prática — 185

Mensagem Final: Objetivo Supremo: Plantar para Colher — 203

PRÓLOGO

"A preparação é a chave para todo e qualquer sucesso, antes de mais nada."

Alexander Graham Bell

Neste momento, estou sentado em meu camarim, no dia do meu aniversário — 22 de outubro de 2018 —, a poucos minutos de entrar no palco para dar início a mais um treinamento. Penso em todo caminho que percorri até aqui, todos os anos de estudo, em busca de um sentido e uma resposta para várias questões da vida.

Nos últimos anos, me tornei obcecado por descobrir a resposta para as seguintes perguntas: Por que nem todas as pessoas alcançam uma vida extraordinária? O que faz uma pessoa chegar ao sucesso enquanto outras ficam patinando em uma eterna roda de hamster? E, quando digo sucesso, me refiro a todas as áreas da vida, seja financeira, saúde física e mental, relacionamentos, espiritualidade e a compreensão de si mesmo como um ser sistêmico.

Por que algumas pessoas, mesmo dotadas de um alto grau de conhecimento, permanecem estagnadas, enquanto outras, com pouco conhecimento, conseguem alcançar um sucesso admirável? Talvez você conheça alguém que tem mestrado, doutorado e, apesar de parecer uma enciclopédia ambulante, repleta de conhecimento, não alcançou os resultados que desejava. Já outras pessoas, a despeito da pouca escolaridade, conseguem conquistar grande sucesso.

Há ainda as que conseguem alcançar o tão sonhado sucesso na vida financeira, mas o resto parece mergulhado no caos; elas sofrem com problemas de saúde, não têm tempo para praticar exercícios e não conseguem manter uma boa alimentação. O reverso dessa moeda são as pessoas que dedicam horas a cuidar do corpo em uma academia, enquanto a vida financeira é um desastre.

Foi pensando nessas perguntas que decidi dedicar minha vida a oferecer o **Treinamento de Encontro com o Sucesso, o Método T.E.S.®**, para transformar verdadeiramente a vida das pessoas e ajudá-las a encontrar o caminho para uma vida extraordinária e plena em todas as áreas. Então, aproveite este livro — nele, você encontrará as respostas que talvez venha buscando há muito tempo.

INTRODUÇÃO

O DESPERTAR

A vida, muitas vezes, vai lhe derrubar e lhe jogar de cara no chão, mas depende de você a decisão de continuar prostrado ou se levantar mais forte. Diante de qualquer problema da vida, temos várias opções para focar o lado positivo ou repensar nossas ações.

O único problema de verdade é a morte; o resto acontece apenas para nos tornar mais fortes. Ao enfrentar um desafio, é preciso mudar a ação, deixar de focar o problema e se concentrar em encontrar a solução.

Para conquistar seus sonhos, será preciso entender um coisa: na vida, mais cedo ou mais tarde, os desafios aparecerão. Por isso, levante-se e continue; é hora de agir e não apenas sonhar. Mas não se preocupe com os sonhos da maioria, concentre-se nos seus sonhos e se torne cada vez melhor.

> **"A sorte surge quando a oportunidade encontra a preparação."**
> Thomas Edison

Nasci em uma pequena cidade de cerca de 10 mil habitantes chamada Jesuítas, no interior do Paraná. A cidade vive, basicamente, da agricultura. Minha família era muito pobre, meus pais eram analfabetos. Sou o caçula de cinco filhos. Em uma cidade tão pequena, tudo é muito perto, então eu ia para escola a pé, sozinho. Na época, todos meus irmãos já eram casados e não moravam mais na cidade.

Meu pai trabalhava como guarda-noturno para sustentar a família, o que significava andar de bicicleta pela pequena cidade para vigiar os prédios públicos e as casas. Minha mãe cuidava de casa. Durante o dia, os dois iam para a roça, trabalhar como "boia-fria[1]" para complementar a renda. Passamos por muitas dificuldades financeiras, mas, graças a Deus, meu pai nunca deixou faltar alimento em casa.

Meu pai era minha base. Ele já tinha 50 anos quando eu nasci. Hoje, o vejo como um homem muito forte e trabalhador — ele sempre trabalhou muito mesmo! Quando eu tinha dez anos de idade, ele sofreu um AVC. Depois disso, ficou bastante debilitado e, obviamente, não conseguia mais trabalhar. Durante 15 anos da minha vida, vi meu pai acamado ou em cadeira de rodas, apenas sobrevivendo. Por um tempo, minha mãe precisou fazer tudo por ele, até que, na medida

---

[1] Os boias-frias ou assalariados rurais são os trabalhadores que migram de uma região agrícola para outra, acompanhando o ciclo produtivo de diversas culturas. São agricultores em diversas lavouras, mas não possuem terras próprias.

do possível, ele retomasse sua vida "normal", embora ainda sempre de muletas ou cadeira de rodas.

No dia que recebi a notícia de que meu pai havia sofrido o AVC, fiquei em choque; tristeza e desespero profundos tomaram conta de mim. Eu estava na casa da minha irmã, em outra cidade. Depois de uma visita, ela havia me levado para passar uns dias com ela. A imagem que guardo de meu pai antes do AVC é a do momento em que ele acenava para nós na despedida.

Minha mãe cuidava dele com muito carinho. Pude ver, em seus cuidados, o grande amor que tinha por ele. Não sei se qualquer outra pessoa conseguiria suportar tanto. Ela tinha uma paciência inabalável! No entanto, muitas vezes, não tínhamos dinheiro para comprar os remédios de que meu pai precisava, e partia o meu coração ver meus pais passando por aquela situação e não poder fazer nada. Mas Deus sempre alimentou, dentro de mim, a chama para buscar o conhecimento.

A educação não era um assunto comum em casa. A escola não era algo sobre o que eu falava com meu pai. Meus irmãos foram embora para outra cidade em busca de oportunidades — em cidade pequena, elas são raras. Ao menos era o que eu pensava na época. Hoje, acredito que quem cria as oportunidades somos nós mesmos: esteja onde estiver, todos são capazes de criá-las. Só depende de cada um.

Meus pais conheciam muito bem as dificuldades que a falta de estudo acarreta, ainda mais por serem sozinhos e não poderem contar com o suporte de outros familiares. Por isso, mesmo sem termos condições, minha mãe se esforçou muito para que eu fosse para a faculdade. Ela e meus irmãos me ajudaram muito. Mesmo assim, nossa situação financeira era muito difícil, e eu raramente tinha dinheiro quando ia para as aulas. Via meus amigos comendo na cantina e não tinha condições de comprar nada. Passei por muita dificuldade. Nessa época, surgiram os primeiros sintomas da depressão, também. Para mim, foi muito forte. Uma experiência que mexeu demais comigo.

Entendi todo o poder dessa **fabulosa máquina** que Deus colocou dentro de nós...

Consegui começar a minha primeira graduação, contando com a ajuda de toda minha família para pagar as mensalidades. A graduação foi um período de muitas sombras, pois eu enfrentava uma severa crise de depressão e não conseguia emprego. Nessa época, meu pai faleceu. Infelizmente, antes que pudesse me ver formado.

Depois da morte de meu pai, entrei em uma depressão profunda e, junto a ela, surgiram outras condições, como transtorno generalizado de ansiedade e ataques de pânico. Muitas vezes, pensei que iria morrer. Sem poder mais suportar, procurei um psiquiatra; foram meses de tratamento. Foi então que conheci a área de desenvolvimento pessoal. Ao longo do tratamento, conversando com meu psiquiatra, me apaixonei pelo cérebro e comecei a estudá-lo. Entendi todo o poder dessa fabulosa máquina que Deus colocou dentro de nós, que tem o poder de nos levar para o fundo do poço, mas também de nos levar ao sucesso em todas as áreas da vida.

Mesmo sem ter dinheiro para pagar o primeiro curso, passei um monte de cheques pré-datados e consegui fazê-lo. Quando vi o cara naquele palco, dando treinamento, pensei: "Eu quero fazer o que ele está fazendo: transformando a vida das pessoas!"

Desde então, comecei a viajar para fazer treinamentos em várias partes do Brasil e também no exterior, aprendendo as melhores ferramentas para aplicar no que hoje se tornou o Método T.E.S.® — Treinamento Encontro com o Sucesso. Modelei as melhores ferramentas disponíveis no Brasil e no mundo e criei esse poderoso método para transformar a vida das pessoas.

Hoje, tenho saúde e alegria em minha vida. Mas, como você pôde notar em minha história, nem sempre foi assim; precisei aprender e pagar o preço para colocar em prática tudo que aprendi. Entendi que a minha jornada até ali era apenas uma preparação. Levo comigo uma frase e a compartilho com todos meus alunos do Método T.E.S.® — Treinamento de Encontro com o Sucesso: "Tudo que está acontecendo em sua vida é uma preparação para algo muito maior."

Árvores fortes crescem com ventos fortes. Antes de uma grande conquista, sempre virá uma grande preparação. Nada em nossa vida — absolutamente nada por que nós passamos, nenhum sofrimento, nenhum acontecimento — é por acaso. Tudo é uma grande preparação.

Até aquele momento, eu vinha alimentando a parte do meu cérebro que estava me enterrando no fundo do poço. Mas, como disse, nada é por acaso. Precisei passar por essa experiência para chegar aonde cheguei, começar a construir o meu legado e ajudar milhares de pessoas. Então, não importa o momento da sua vida pelo qual esteja passando; entenda que é uma grande preparação. Mas, para que tudo isso tenha sentido e gere resultados, você precisa aprender com a experiência. Enquanto não aprender, a vida continuará ensinando-lhe, como um professor tentando ensinar a um aluno. A aula só acaba quando a lição for aprendida. Você talvez chame tudo isso de coincidências, mas coincidências não existem! É o seu subconsciente tentando ensinar-lhe uma lição.

O objetivo de ter contado um pouco da minha história é simples: graças a Deus, tive a oportunidade de conhecer as ferramentas essenciais para atingir todo meu potencial e, agora, quero compartilhá-las com você. Ao aplicar as ferramentas e os conceitos que lhe ensinarei neste livro, você terá tudo de que precisa para alcançar uma vida extraordinária.

Hoje, sou presidente do Instituto Brasileiro de Treinamentos Avançados, onde desenvolvi um dos maiores treinamentos de desenvolvimento pessoal da América Latina — o método de treinamento T.E.S.®. Todos os anos, milhares de alunos vindos de vários lugares do Brasil têm suas vidas transformadas nesse treinamento.

Veja o que as pessoas têm a dizer sobre o que o Método T.E.S.® foi capaz de fazer em suas vidas.

"Booom Diaaa, Anderson, tudo bem?

Eu estava aqui pensando e agradecendo a Deus tudo que aconteceu em minha vida, e vim lhe escrever, pois você me ajudou muito! Há um ano fui ao meu primeiro workshop em Toledo; eu estava numa fase muito ruim, estressada, insatisfeita com muitas coisas, infeliz no trabalho (esperava pela sexta-feira, pelo 5º dia útil). Não acreditava no meu potencial, tinha muito medo... meu emocional estava abalado. Fiquei fascinada com sua palestra, você é incrível!

Meses depois fui a um segundo workshop, dessa vez, em Cascavel, foi quando decidi fazer o T.E.S.®. Esperei ansiosamente pelos dias do treinamento; contava as semanas que o antecederam.

Nesse meio-tempo, antes do T.E.S.®, saí do espaço onde eu trabalhava, o que foi um grande divisor de águas na minha vida. Eu amo muito o que faço, mas sempre quis montar um espaço pra mim e trabalhar por conta própria, porém tinha medo, insegurança e pensava que seria muito difícil. Um dia, conversando com Deus, decidi que faria valer a pena, que daria o meu melhor, faria todos os meus sonhos acontecerem e Deus estaria comigo sempre! Comecei a divulgar e atender... atendia o dia inteiro. Acordava feliz, motivada todos os dias, agradecendo a Deus pela grande conquista e por tudo que estava acontecendo. Quando chegou o dia do T.E.S.®, foi um final de semana incrível! Muito emocionante, MUITO, sinto saudades imensas. Foram três dias maravilhosos, tudo fez sentido! As histórias, os ensinamentos, as dinâmicas, tudo muito forte e motivador! Foi muito bom! Com o T.E.S.®, rompi com muitas crenças e coisas que me puxavam para trás, coisas que não me deixavam alcançar meus objetivos. Foram ensinamentos que levarei sempre comigo e que me lembram de AGRADECER tudo o que está acontecendo na minha vida.

O DESPERTAR

"Eu tinha muita vontade de vir morar no litoral. Decidi e fiz um test drive kkkkkk. Comecei a divulgar e atender e estou tão feliz com minhas conquistas! Acordo todos os dias feliz da vida, motivada, fazendo o que amo! Sempre paro e fico pensando e lembrando meus sonhos e desejos, tudo o que conquistei! Me emociono demais! Enfim, quero lhe agradecer pela pessoa incrível que é e foi na minha vida, por ser esse palestrante que ajuda milhares de pessoas a alcançarem seus objetivos... Anderson, obrigada por tudo, do fundo do meu coração! Que Deus o abençoe mais e mais, que, como todos que você motiva, você alcance todos seus objetivos! Quero ir ao próximo T.E.S.®! Será que poderia ser anjo dessa vez?"

J.

"Já tive grandes 'altos e baixos' na vida... Profissionalmente falando, não tinha mais aquele brilho nos olhos, estava desorientada, pensando com mediocridade que 'a vida era assim e que nada poderia ser feito', até que finalmente, por uma feliz circunstância do universo, conheci o MÉTODO T.E.S.® e acabei por fazer a minha inscrição e a de meu esposo em um momento extremamente delicado para nós, financeiramente falando. Depois de enfrentarmos o dilema 'fazer ou não fazer', em um impulso, resolvi fazer nossa inscrição e digo que foram os melhores três dias da minha vida!!!"

L.

"Anderson, quero lhe contar uma história. Eu entrei em uma dívida de mais de R$400 mil. Por conta disso, me bateu um desespero muito profundo, pois eu não sabia o que fazer. Eu tinha minha família para sustentar, meus filhos. Cara, eu entrei em uma depressão profunda, muito profunda, e a única luz que eu via no fim do túnel era tirar minha vida, para acabar com esse sofrimento."

A.

Ele continuou seu relato dizendo que, uma noite, acordou, deu um beijo na esposa e se despediu dela enquanto ela dormia. Foi para o quarto do filho e deu um beijo de despedida nele também. Chorava muito ao dar adeus à família. Porém, antes de tirar a própria vida, abriu o Instagram no celular e assistiu a um vídeo meu. Contou que, no vídeo, eu falava sobre problemas. Eu basicamente dizia que, se a pessoa cria um problema em algum nível de consciência, ela também consegue resolvê-lo; que tudo que acontece em nossa vida é para nos preparar para algo muito maior. Então, por causa desse vídeo, ele desistiu de tirar a própria vida e decidiu se inscrever no Método T.E.S.®, e hoje é um dos alunos em treinamento de formação comigo.

Eu garanto a você, é impossível que você chegue na sexta-feira à noite e saia a mesma pessoa no domingo. Mas para isso é necessário "se permitir", abrir o coração e a mente, estar disposto ao autoconhecimento para atingir o sucesso — o "seu sucesso interior" —, afinal, o homem é o que ele pensa a maior parte do dia; então, é necessário descobrir onde está o seu foco. Quando você entende isso, começa a perceber quais aspectos de sua vida requerem uma mudança de atitude e consegue obter transformações legítimas. Tudo começa com a mudança de seu padrão mental e, então, sua vida começará a se transformar! Participar do T.E.S.® é nascer para uma nova vida mais harmoniosa, equilibrada, saudável e feliz.

O homem é o que **ele pensa** a maior parte do dia.

CRENÇAS

O sucesso não acontece da noite para o dia — existe um caminho a ser percorrido, mas a maioria das pessoas não o alcança, simplesmente porque foi ensinada a desistir. E, por serem programadas para a desistência, seus sonhos permanecem distantes, impossíveis até de serem imaginados. Elas trabalham no que não amam, e isso é apenas sobreviver.

O caminho para o sucesso é pavimentado por várias derrotas — por isso, é preciso entender que essas derrotas acontecem para você continuar evoluindo e aprendendo. Enquanto não encontra o que ama, continue buscando sem parar o que faz o seu coração vibrar.

"Nossas crenças se transformam em pensamentos; os pensamentos, em palavras; as palavras, em ações que, repetidas, viram hábitos. Estes hábitos formam nossos valores que determinam nosso destino."

Mahatma Gandhi

Vivemos atualmente rodeados por uma enxurrada de informação, como nunca antes. Qualquer informação, hoje, está a apenas um clique. Tudo que quisermos aprender está disponível na internet. Mas, então, por que muitas pessoas não conseguem atingir o sucesso?

Quantas pessoas que você conhece têm pilhas de livros de desenvolvimento pessoal em casa, já participaram de várias palestras motivacionais e não conseguem transformar suas vidas? Talvez você conheça pessoas que investiram muito tempo e dinheiro em graduação, pós-graduação e, atualmente, não trabalham na área em que se formaram.

E o que dizer sobre as pessoas religiosas, que mesmo acreditando em Deus e fazendo o bem, não conseguem ter uma vida extraordinária? A primeira resposta é que elas não conseguem uma vida extraordinária exatamente por serem religiosas, e eu explicarei isso mais à frente.

O grande problema é que as pessoas buscam no mundo externo respostas que estão dentro delas.

Fomos presenteados por Deus com a máquina mais poderosa do mundo, nosso cérebro, um órgão com milhões de células, pequeno em tamanho, mas gigantesco em sua capacidade e poder. Com ele, recebemos um PODER imensurável e, quando tomamos consciência desse poder, entendemos que podemos ser protagonistas do nosso destino. O grande problema é que as pessoas buscam no mundo externo respostas que estão dentro delas. Mesmo se tornando enciclopédias ambulantes, com muito conhecimento, não conseguem resultados. Têm muitas doutrinas, mas carecem de alegria.

Duvida da capacidade de nosso cérebro? Faça um teste simples: feche os olhos por alguns instantes e pense em um limão verde e suculento; visualize-se partindo o limão ao meio e o suco escorrendo. Imagine-se, então, pegando um pedaço e levando-o até a boca, espremendo algumas gotas em sua língua. O que sentiu? Tenho certeza de que sua boca salivou.

Uma simples história contada ao cérebro é capaz de ativar uma glândula e disparar a produção de saliva. Infelizmente, esse poder é uma faca de dois gumes. As histórias que contamos ao nosso cérebro são capazes de acionar processos e ativar hormônios para o bem e para o mal. E todo esse poder é capaz de resultar em doenças físicas e mentais. Agora, imagine tudo que podemos fazer se contarmos a história certa.

Nosso cérebro é pré-configurado com base na evolução, mas é moldado pelas experiências na infância e pela informação transmitida pelos pais e pelo ambiente a que somos expostos — o que podemos chamar de sistema de crenças. O neurocientista Gary Marcus criou uma analogia para explicar a pré-configuração do cérebro: "A natureza fornece um primeiro rascunho, que a experiência depois revisa."

CRENÇAS

O chamado sistema de crenças atua como um filtro para o modo como percebemos e experienciamos o mundo ao nosso redor. E, assim, ele pode ser uma mola propulsora ou uma bola de concreto presa ao nosso calcanhar. Para conseguirmos empregar todo o poder dessa fabulosa máquina a nosso favor, precisamos "programá-la" corretamente, o que significa identificar e rever nosso sistema de crenças, ressignificando as chamadas crenças limitantes e buscando incorporar crenças fortalecedoras. Temos a máquina mais poderosa do mundo ao nosso dispor, mas precisamos saber utilizá-la para extrair o melhor do que a vida tem para nos proporcionar.

Para entendermos melhor tudo isso, primeiro, precisamos compreender um pouco mais sobre o funcionamento cerebral.

O cérebro: Essa fabulosa máquina

Em seu livro *The Happiness Hypothesis*, sem publicação no Brasil, o psicólogo social Jonathan Haidt criou uma analogia para explicar o funcionamento do cérebro. Para ele, a mente é composta de um elefante (emoção) e um ginete (razão).

Segundo o autor, nossas emoções, o elefante, respondem às experiências com base na "programação" fornecida pelo nosso sistema de crenças. Elas representam 99% dos processos mentais que ocorrem de maneira inconsciente e, na verdade, são os responsáveis por grande parte de nosso comportamento. Assim, nosso raciocínio se divide em uma primeira parte inconsciente e intuitiva e uma segunda, consciente e de justificação.

Todas nossas experiências são filtradas por nossos sistemas de crenças, que falam diretamente com o elefante. A partir daí é que o ginete passa a buscar justificar o julgamento inicial do elefante. Diante desse cenário, nosso comportamento é, em última análise, governado pelo nosso sistema de crenças. O cérebro trabalha por recompensas — e gera reforços positivos e negativos conforme o sistema de crenças —, e nosso comportamento é cristalizado por um ciclo de feedback negativo e positivo.

Se hoje, nos meus treinamentos no Método T.E.S.®, eu consigo ajudar milhares de pessoas que talvez estejam passando por momentos de depressão, de profunda tristeza, foi porque um dia eu precisei passar por uma depressão profunda. Aliás, foram anos de depressão profunda. Eu não entendia por que estava passando por isso e muito menos sabia como sair daquele estado. Se hoje consigo ajudar milhares de pessoas, foi porque consegui entender a mente de uma pessoa em depressão por dentro e entendi como essa mente funciona.

Nosso cérebro, essa máquina poderosa, é dividido entre consciente, subconsciente e inconsciente. O seu eu consciente, o seu eu que está lendo este livro, o seu eu que processa o raciocínio lógico: este é o eu que você conhece. Ele é o elefante de Jonathan Haidt, a parte racional. Mas há um outro eu, o ginete, o lado emocional, que reage e se comporta com base em seu sistema de crenças; é ele quem direciona o elefante. Por isso, não adianta racionalizar suas angústias, seus medos; é preciso mudar seu sistema de crenças. É preciso mudar o ginete, o que a neurociência e a psicologia chamam de "subconsciente". Para mudar seu comportamento, suas respostas emocionais e, em consequência, como você reage e se comporta diante dos acontecimentos, é preciso acessar seu subconsciente, falar com seu ginete. É lá que estão as respostas de todos os seus problemas, de todas as suas questões emocionais, saúde etc.

Ao alimentar ressentimentos, mágoas, você acaba preso em um ciclo vicioso e permite que um trauma, um acontecimento ruim, crie uma crença limitante e governe todas suas reações e seu comportamento diante da vida. Toda vez que você fica pensando em algo que já passou, para o seu sub-

Essas situações, as experiências **boas ou ruins,** são interpretadas com base em tudo que está gravado em seu subconsciente.

consciente, é como se estivesse acontecendo agora. Ele começa a produzir hormônios no seu corpo que estão ligados àquelas emoções.

Imagine uma pessoa que sente mágoa, ressentimento... Imagine que tipos de hormônios são produzidos em seu corpo. O desequilíbrio do corpo é causado pelo subconsciente tentando lidar com a experiência, com as sensações que você experimenta. Essas situações, as experiências boas ou ruins, são interpretadas com base em tudo que está gravado em seu subconsciente. Da tentativa de lidar e compreender o que está acontecendo, surge uma infinidade de problemas de saúde, problemas emocionais, mentais, psicossomáticos — e nada disso é detectado por exames quando a pessoa procura descobrir o que há de errado.

Eu não conseguia compreender minha depressão, aquele estado que me aprisionava e me colocava para baixo, que me trazia pensamentos suicidas, porque eu vivia no meu primeiro eu, no meu consciente, ignorando que a resposta, a raiz do que me afligia, estava no meu subconsciente. E, enquanto não aprendermos o poder do subconsciente, enquanto não soubermos utilizá-lo, ficaremos à mercê dos problemas da vida.

Quer entender o poder desse outro eu? Hoje à noite, quando for dormir, faça o seguinte teste: antes de pegar completamente no sono, procure uma questão de sua vida para a qual precise de uma resposta — talvez algo sobre o qual esteja indeciso ou algo para o qual não tenha resposta. Pegue um copo de água, coloque-o ao lado da cama, beba um pouco dela e deite-se. Ao se deitar, com olhos fechados, respirando profundamente, faça uma conversa interna e peça a esse outro eu: "Mostre-me a resposta para essa questão!" Repita isso várias vezes — no mínimo, dez.

A repetição é importante para acessar o subconsciente; ela é a base da criação dos caminhos mentais. Você ficará espantado com como essa resposta surgirá. Talvez na manhã seguinte, talvez durante o seu sono, nos sonhos, ou talvez nos próximos dias... seu outro eu, seu subconsciente, lhe mostrará as respostas. Isso é possível porque ele processa milhões de bits de informações por segundo.

O sistema de crenças

Para explicar melhor nosso sistema de crenças, gosto de fazer a seguinte analogia: quando nascemos, nosso cérebro é praticamente uma folha em branco, no que diz respeito a crenças e fobias. Algumas linhas da psicologia também defendem que os medos são condicionamentos posteriores.

Nossas crenças refletem nossos valores, o que consideramos "certo" e "errado", e, assim, guiam nossos julgamentos e determinam nossa postura diante dos acontecimentos. Um sistema de crenças é criado a partir do ambiente e das experiências de infância, e reflete as crenças e valores transmitidos a nós por nossos pais e pela cultura em que vivemos.

O cérebro, assim como um computador, precisa ser programado para funcionar, e o sistema de crenças é uma parte crucial dessa programação. É com base nessa programação que o elefante opera. Diante de um acontecimento, o elefante processa e reage, de acordo com sua programação, para tentar resolver o problema e tentar tirá-lo da situação difícil. Você pode estar pensando: "Ah, mas eu não consigo controlar minhas emoções, não consigo mudar a forma como eu reajo aos acontecimentos da vida!" Sim e não! Não, você não pode evitar que o elefante reaja de acordo com a programação que lhe foi dada, mas pode, SIM, mudar a programação.

Lembre-se de que o consciente está apenas tentando lidar e responder às ordens do ginete, ou seja, das emoções, do subconsciente. Falaremos disso mais adiante, mas

Nossas crenças refletem nossos valores, o que consideramos "certo" e "errado", e, assim, guiam nossos julgamentos e determinam nossa postura diante dos acontecimentos.

o que você precisa saber agora é que é possível mudar o software do seu cérebro. E o que devemos fazer para acessar um pouco desse subconsciente? O primeiro passo é identificar as crenças que o impedem de avançar em direção a seus sonhos e objetivos, os valores que o impedem de crescer, os traumas que criaram os bugs em sua programação, e conseguir trabalhar para criar um sistema de crenças fortalecedoras. Assim, conseguirá mudar a maneira como reage aos acontecimentos, sua visão de mundo e, com isso, seus resultados.

O segundo passo é parar de racionalizar demais, porque isso não leva a nada. Toda essa racionalização já vem maculada pelo julgamento do subconsciente. Suas reações, seu comportamento, seus sentimentos não são frutos da lógica. São apenas frutos de sua visão de mundo, de seu sistema de crenças, de como você percebe o mundo e de qual significado atribui aos acontecimentos. Não adianta tentar conversar com o elefante — ele só segue ordens, obedece rigorosamente à programação que lhe foi dada. Para que seja eficaz, essa mudança tem que ser na base, no subconsciente.

Crenças limitantes

Em meus seminários e treinamentos, sempre que pergunto aos meus alunos por que muitas pessoas não alcançam o sucesso, costumo ouvir motivos como falta de foco, de dedicação e de persistência, procrastinação e outros. É claro que isso tudo também faz parte do motivo, mas é apenas a ponta do iceberg. A origem são as chamadas crenças limitantes, as raízes de todo mal. Não me refiro apenas a crenças religiosas, mas ao sistema de crenças formado em seu inconsciente e que determina seus comportamentos e resultados.

As crenças limitantes são como bugs que fazem com que o cérebro não funcione da maneira desejada, frustrando nossos sonhos e objetivos. Elas são bolas de concreto presas ao seu calcanhar, que o impedem de avançar, não importa o quanto se esforce.

Os programadores: A criação do sistema de crenças

Se o sistema de crenças é nossa programação, quem seriam os programadores? Costumo chamá-los de os Ps, entre os quais estão: Padres, Pastores, Professores, Políticos, Parentes, Palestrantes e Pais.

Nossos primeiros programadores são nossos pais, que, junto com o ambiente e a cultura a que somos expostos, moldam nossas primeiras concepções de certo, errado, valores e identidade. E por pais me refiro às pessoas responsáveis pela nossa criação e que nos guiam e orientam durante nossa infância, que nem sempre são nossos pais biológicos.

A maior parte dessa programação, a mais enraizada e forte, ocorre na primeira infância, por volta dos 5 anos de idade, quando começa a formação de nosso sistema de crenças. Além de nossos pais, líderes religiosos, padres e pastores exercem grande influência na construção desse sistema.

O sistema de crenças é criado de duas maneiras: por meio da repetição ou de um forte impacto emocional — eventos captados pelos nossos sentidos que afetam a dinâmica da comunicação entre neurônios.

Um estímulo positivo (reforço positivo) aumenta a probabilidade da repetição de determinado comportamento. Já um estímulo negativo (reforço negativo) cria um mecanismo de evitação ou cristaliza um sentimento de negatividade. Esse mecanismo cria uma sinapse, um caminho neural acionado por determinado gatilho. Esses "caminhos" são os responsáveis pelos seus comportamentos e hábitos, que determinarão seus resultados na vida.

Após ser criada, uma sinapse jamais será desfeita a não ser fisiologicamente, por um acidente ou uma cirurgia. É como aprender andar de bicicleta: você aprendeu por meio de repetição, o que criou um caminho neural. Assim, mesmo depois de anos sem subir em uma bicicleta, você sempre será capaz de pedalar, pois a sinapse continua lá, intacta.

Embora a sinapse não possa ser apagada ou quebrada, podemos criar e fortalecer caminhos alternativos e enfraquecer o caminho ou a crença limitante, devido a um processo que chamamos de plasticidade neural.

Deus é tão maravilhoso que nos deu uma máquina capaz de se recompor, e, graças à plasticidade neural, seu cérebro consegue se recriar, fazer novas conexões.

Por exemplo, imagine alguém que, em um acidente, sofreu uma lesão cerebral que afetou uma região do cérebro responsável pelo movimento da mão. Essa pessoa perde o movimento da mão, mas começa rapidamente um processo de fisioterapia, e, por meio da repetição, o cérebro consegue reaprender e se adaptar, criando outras sinapses e desenvolvendo outra área capaz de assumir o controle dos movimentos da mão. Assim, essa pessoa recupera os movimentos.

A mesma coisa acontece com nosso sistema de crenças. Ainda que não sejamos capazes de apagar uma crença limitante, conseguimos enfraquecê-la a ponto de torná-la inerte. O cérebro será reprogramado para utilizar outras opções de respostas, novas crenças fortalecedoras.

Esse processo envolve repetição, a base de toda aprendizagem. Novas crenças são aprendidas e substituem as crenças limitantes. Da mesma forma que fomos capazes de aprender que éramos pobres, fracassados, gordos, incapazes, também conseguimos aprender que somos capazes, magros e ricos. Novos comportamentos e hábitos acionados pelas novas crenças gerarão novos resultados, em harmonia com nossos objetivos e sonhos.

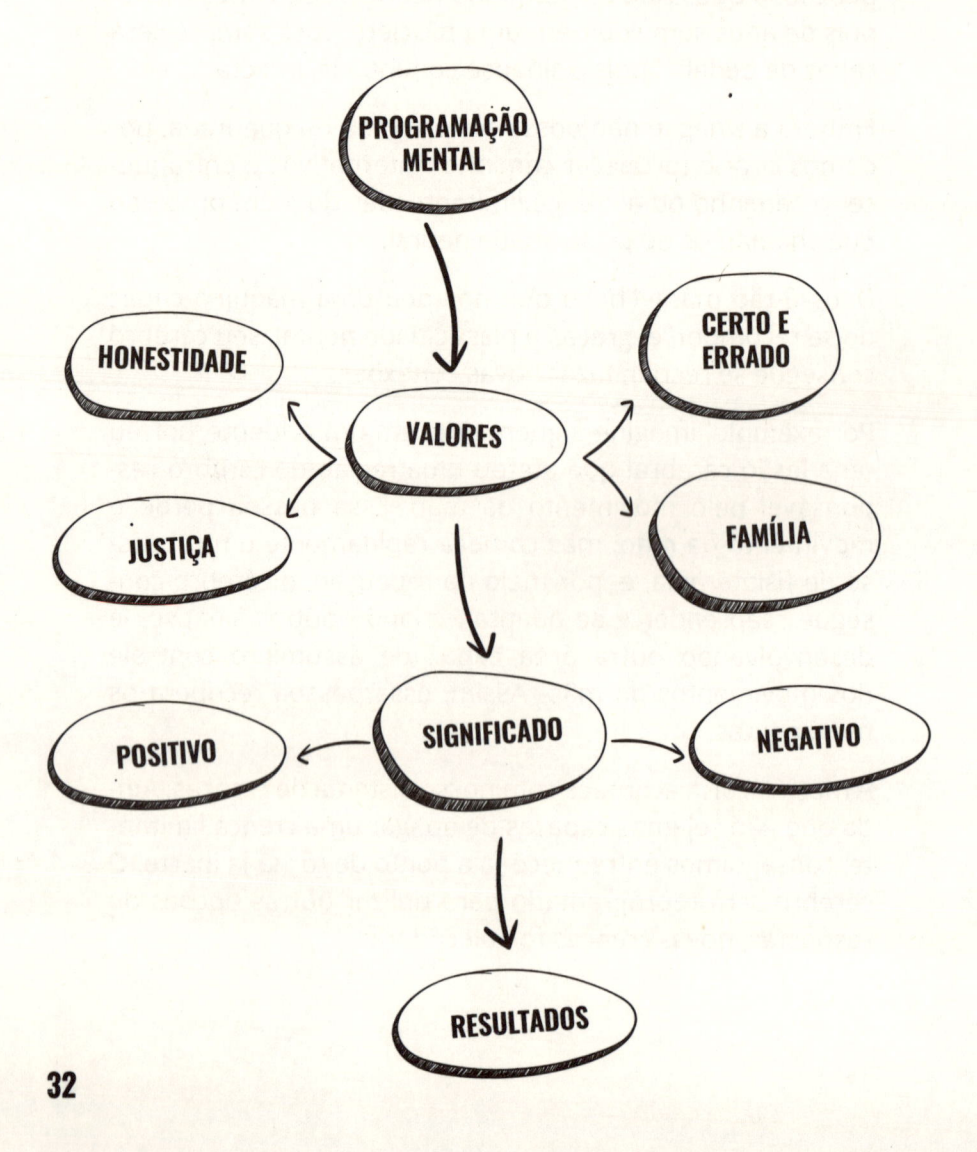

```
                    PROGRAMAÇÃO
                      MENTAL
                         |
                         v
   HONESTIDADE                      CERTO E
              \                     ERRADO
               \                   /
                 → VALORES ←
               /                   \
   JUSTIÇA                          FAMÍLIA
                         |
                         v
   POSITIVO ← SIGNIFICADO → NEGATIVO
                         |
                         v
                     RESULTADOS
```

Transformando seu sistema de crenças

Comece identificando quais crenças o impedem de chegar aonde realmente deseja. Quais foram as crenças geradas em cada área da sua vida que estão impactando seus resultados? Para identificar suas crenças limitantes, basta analisar os resultados em cada área de sua vida.

Pare por alguns minutos e escreva tudo que pensa e acredita em relação a cada área de sua vida. Em seguida, leia o que escreveu e circule tudo que reconhece como uma crença limitante.

Toda crença, mais cedo ou mais tarde, se materializa. Não há como viver sem crenças, mas nós escolhemos quais queremos ter, de acordo com o resultado que desejamos.

Atividade 1

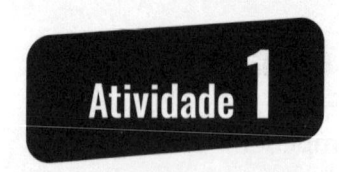

Inventário de Crenças

Abaixo, escreva tudo o que você acredita sobre cada uma das áreas. Por exemplo, na área financeira: "Acredito que dinheiro é energia; quanto mais eu planto, mais eu colho" ou "acredito que é preciso trabalhar muito para ganhar dinheiro" etc.

Financeira:

_____

_____

Relacionamento amoroso:

_____

_____

CRENÇAS

Saúde:
_____
_____

Oportunidades:
_____
_____

Espiritualidade:
_____
_____

Quando terminar a leitura deste livro, volte e leia o que escreveu sobre cada área da vida. Talvez, algumas coisas que você acreditava sobre cada área serão diferentes.

2

SIGNIFICADO

Viva intensamente o hoje. Não desperdice mais tempo, não adie o sorriso, sempre à espera de que a felicidade chegue. Pare com a mania de viver como se fosse o último dia — isso só traz desespero. Não viva o hoje como se fosse o último dia, mas, sim, o primeiro.

Esperar a felicidade no final faz com que nos guardemos sempre para o que há de vir, mas a felicidade não está no final: ela é o caminho. Não tenha medo de correr riscos e de ser feliz, aprenda a arriscar e fazer o que sempre desejou. Arriscar, muitas vezes, envolve não se importar com a opinião dos outros, pois, independentemente do que você faça, sempre haverá alguém para julgar.

Depois de um tempo, a gente entende que a felicidade não está no futuro, e sim no presente. Quem não vive o presente acaba mergulhado em arrependimentos no futuro, pois não fez o que precisava e não viveu o que deveria. A felicidade é simples: ela está em um momento de gratidão, no olhar do seu filho, da sua mãe ou nas coisas que fazem seu coração vibrar.

> "Você não pode mudar o vento, mas pode ajustar as velas."
>
> Confúcio

Nada no mundo tem um significado intrínseco. Somos nós quem atribuímos significado às coisas e aos acontecimentos, e esses significados são diferentes para cada um de nós. Isso se deve ao fato de os significados refletirem nosso sistema de crenças, que, por sua vez, é formado a partir de valores que nos foram transmitidos e das experiências que tivemos.

Lentes danificadas ou embaçadas prejudicam e maculam nossa visão de mundo e afetam diretamente nossos resultados.

Esse sistema de crenças age como um filtro, como lentes que afetam o modo como vemos o mundo. Nossas crenças geram significados, e significados criam ou reforçam crenças em um ciclo infinito que pode acabar se mostrando virtuoso ou vicioso, a depender de sua lente. Pessoas que atribuem significados positivos e otimistas usam lentes cristalinas, que permitem que vejam o mundo com cores mais vivas. Lentes danificadas ou embaçadas prejudicam e maculam nossa visão de mundo e afetam diretamente nossos resultados.

Você deve estar pensando: "Ah, mas eu não tenho controle sobre o que acontece em minha vida. Há acontecimentos que impactam diretamente meus resultados, que me impedem de alcançar a realização." Bem, é aí que você se engana. Ninguém vive em um eterno mar de rosas, e, como já discutimos, existem pessoas que mesmo diante da adversidade conseguem alcançar seus objetivos. Outras, por sua vez, por mais favoráveis que sejam suas circunstâncias de vida, não conseguem desfrutar de uma vida plena e realizada. Seria sorte? Destino? Qual é o segredo dessas pessoas?

Gosto de explicar esse fenômeno utilizando o Princípio de Pareto. Esse princípio da economia afirma que, na maioria dos eventos, aproximadamente 80% dos efeitos decorrem de 20% das causas; sendo assim, 80% de nossos resultados decorrem de 20% de nossos esforços. Isso também se aplica a nossas experiências de vida. Os acontecimentos em si representam apenas 20% do impacto que geram em nossa vida; os 80% restantes decorrem do significado que atribuímos a eles.

Embora os acontecimentos estejam, muitas vezes, realmente além de nosso controle, o modo como reagimos a eles depende exclusivamente de nós. O significado que atribuímos aos acontecimentos é uma escolha, que determina os resultados que alcançamos na vida. Todos os recursos de que precisamos são internos. Ao escolher o significado que atribuirei às minhas experiências de vida, posso potencializar ou arruinar meus resultados.

A dor pode ser inevitável, mas o sofrimento é opcional. Ficar triste porque uma pessoa que você tanto amava partiu pode ser inevitável, mas passar uma vida toda sofrendo por isso é opcional. O luto, a dor e a tristeza podem até nos tomar por um tempo, mas devem ter uma data para acabar.

A dor pode ser inevitável, mas o sofrimento é opcional.

Existem pessoas que passam a vida toda sofrendo simplesmente por atribuir um significado ruim a um acontecimento, mantendo todo o foco no lado ruim. Lembre-se de que, por pior que seja um acontecimento, ele SEMPRE tem pelo menos dois lados, e o impacto — e os resultados — que ele terá em nossa vida depende de onde decidimos focar nossa energia. Os significados que atribuímos a todos os acontecimentos da vida, sejam eles bons ou ruins, dependem exclusivamente de nós, de quais lentes decidiremos usar.

Digamos que você esteja em uma festa na qual a maioria das pessoas está se divertindo, mas em um canto há um pequeno grupo se desentendendo, e você foca esse grupo de pessoas. Ao sair da festa, a impressão que guardará e o significado que atribuirá a esse acontecimento não serão positivos. Já a maioria das pessoas, que se divertiram e nem repararam na briga, acharam a festa maravilhosa.

Você pode acordar pela manhã e, a caminho do trabalho, bater o carro — e, então, se estressar, chorar, esmurrar, ficar bravo, ou se lamentar e deixar aquele acontecimento acabar com o seu dia, simplesmente devido ao significado que atribuiu a ele. Não seria melhor descer do carro, ligar para o seguro ou para o guincho e agradecer por ter um carro?

Muitas pessoas levam uma vida amargurada, presas a acontecimentos do passado, guardando mágoas, raiva e ressentimento devido a coisas que já aconteceram. A palavra ressentimento significa *re - sentir*, ou seja, reviver algo que já está no passado e não pode ser mudado. Se guardo ressentimentos em relação a um acontecimento é porque estou focando apenas o lado negativo.

Existe uma história antiga em que as pessoas procuravam um velho sábio para se lamentar pelos acontecimentos ruins em suas vidas. O velho sábio, com toda sua sabedoria, ouvia os lamentos e, em seguida, contava uma piada que provocava uma enorme gargalhada. Ele esperava um momento e contava novamente a mesma piada; dessa vez, a pessoa apenas sorria. Ele contava uma terceira vez, e agora não havia mais nem um sorriso, apenas um aceno com a cabeça. Quando o sábio contava a mesma piada pela quarta vez, a pessoa respondia que não tinha mais graça rir da mesma piada sempre. Neste momento, o velho sábio dizia: "Sim, também não tem graça reclamar do mesmo acontecimento e se lamentar várias vezes. Ele já aconteceu e isso não vai mudar."

No livro, *Hábitos Atômicos*, James Clear afirma que: "A verdadeira razão pela qual os hábitos importam não é porque acarretam melhores resultados (embora possam fazer isso), mas porque são capazes de mudar suas crenças sobre si mesmo." De fato, os hábitos têm o poder de reforçar ou desconstruir nosso sistema de crenças. Portanto, se quisermos mudar nossos resultados, devemos primeiro mudar nosso sistema de crenças, ou seja, os significados que atribuímos às experiências e aos acontecimentos de nossa vida.

Reclamar, lamentar, é um hábito criado por meio dos significados que atribuímos aos acontecimentos, e os hábitos são gravados no cérebro pela repetição. Da mesma forma que conseguimos criar o hábito de reclamar, consolidando o significado negativo que só será capaz de trazer resultados ruins à nossa vida, podemos criar o hábito de agradecer e focar o lado positivo da vida. E isso é poderoso.

A positividade, a escolha consciente de focar o lado bom das coisas e, assim, atribuir significados condizentes com um sistema de crenças fortalecedoras, é capaz de produzir efeitos até em sua saúde. As pessoas que reclamam e focam o lado negativo sofrem mais de doenças do que as pessoas mais positivas. Isso porque nosso estado emocional tem grande influência sobre nosso sistema imunológico; nossos pensamentos e foco criam nossa realidade, nossas emoções têm impacto direto em nossa saúde. Preste atenção nas pessoas que constantemente estão reclamando de dores ou doenças: quanto mais elas reclamam, mais doentes ficam.

Em um estudo conduzido pela Universidade de Harvard e o Hospital Monte Sinai, ambos nos Estados Unidos, os resultados mostraram que o pensamento positivo influencia diretamente a saúde. Combinando os dados de 15 pesquisas anteriores, que somaram 229.391 voluntários acompanhados, em média, durante cerca de 14 anos, os pesquisadores demonstraram que, entre os otimistas, o risco de sofrer um evento cardiovascular, como infarto ou derrame, foi 35% menor e o de morrer por qualquer causa caiu 14%.

Em meu treinamento no Método T.E.S.®, vejo pessoas literalmente saindo da depressão, quebrando as amarras que as impedem de alcançar suas realizações na vida, ao entenderem que os recursos de que precisam estão dentro delas. Na maioria de meus seminários de três dias de duração, recebo pessoas em depressão profunda, que chegam na sexta-feira à noite desesperadas por uma solução.

Talvez depois de buscar ajuda em tantos lugares e não encontrar, chegam ao meu seminário sem brilho no olhar, muitas vezes em decorrência de uma profunda depressão. Essas mesmas pessoas saem no domingo, exatamente dois dias depois, com um enorme e sincero sorriso no rosto, com novas expectativas de vida, libertando-se das algemas.

Você pode estar se perguntando: "Como isso é possível sem medicamentos?" Bom, antes de tudo, deixe-me esclarecer que eu não curo ninguém e muito menos digo às pessoas para deixarem de procurar a ajuda de um psiquiatra (que eu mesmo já precisei) ou pararem de tomar seus medicamentos. O objetivo do Método T.E.S.® não é substituir o tratamento médico, mas apontar um caminho, libertá-lo das amarras, para que você se engaje no processo de cura. Na verdade, muitas vezes, a depressão é tão profunda e desalentadora que nos cega, nos mantêm prisioneiros, incapazes até de procurar ajuda, simplesmente porque não conseguimos ver as coisas por meio de uma nova perspectiva.

Da mesma forma, ainda que você já esteja tomando medicamentos sob a orientação de um médico, as angústias, o sofrimento, os traumas que o levam ao estado depressivo ainda permanecerão lá, latentes, esperando uma próxima oportunidade de vir à tona. Se você realmente deseja transformar sua vida, terá que encontrar a força e os recursos adormecidos dentro de você.

Se você começar a focar mais o lado positivo dos acontecimentos e criar o hábito de expressar sua gratidão — seja pelas coisas mais grandiosas ou pelas mais simples, como o olhar do seu filho ou o alimento em sua mesa —, testemunhará, espantado, uma poderosa transformação nos significados que atribui aos acontecimentos, criando novas crenças fortalecedoras e impactando diretamente os resultados em sua vida.

Se não pode mudar um acontecimento, mude a maneira como você reage a ele.

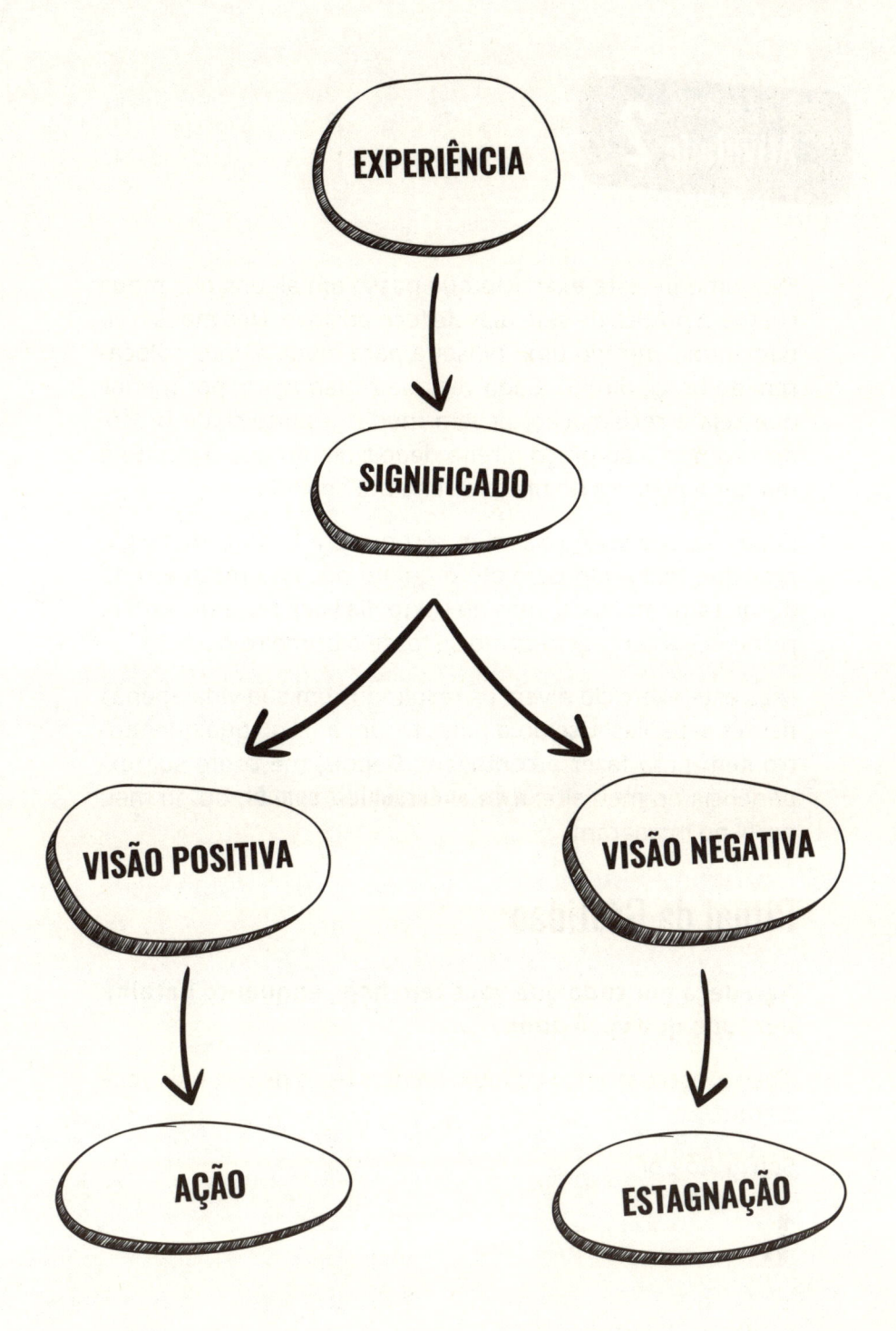

EXPERIÊNCIA → SIGNIFICADO → VISÃO POSITIVA → AÇÃO / VISÃO NEGATIVA → ESTAGNAÇÃO

Atividade 2

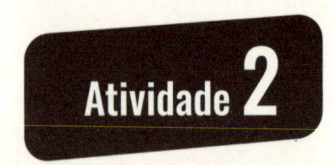

Experimente este exercício que passo em alguns dos meus cursos: a prática de sete dias de foco positivo. Nos meus treinamentos, entrego uma pulseira para meus alunos colocarem no braço direito. Cada vez que reclamarem, por menor que seja a reclamação, devem mudar a pulseira de braço, devolvendo-a ao braço direito depois de um dia. O intuito é manter a pulseira no braço direito por sete dias.

Cada vez que você reclamar, recomece a contagem. (Digamos que tenha ido bem até o quinto dia, não reclamou de absolutamente nada, mas no sexto dia você reclama; então, recomece a contagem como se fosse o primeiro dia.)

Faça este exercício e veja os resultados em sua vida apenas nesses sete dias. Use uma pulseira, um anel ou qualquer outro item para fazer a contagem. Depois, me conte sua experiência no meu site, **www.andersonluiz.com.br**, ou no meu perfil no Instagram.

Ritual da Gratidão

Agradeça por tudo que você tem hoje, enquanto batalha por tudo que você quer.

Abaixo, escreva cinco acontecimentos bons pelos quais você é grato.

Sou grato por...

1. _____

SIGNIFICADO

2. _____

3. _____

4. _____

5. _____

Pessoas realmente gratas são gratas até pelos acontecimentos ruins da sua vida, pois entendem que todos os acontecimentos têm pelo menos dois lados. Pessoas gratas, ainda, escolhem ver o lado positivo até dos acontecimentos negativos, porque aprendem com tudo que lhes acontece.

Abaixo, escreva cinco acontecimentos RUINS pelos quais você é grato e por quê:

Sou grato por...

1. _____

2. _____

3. _____

4. _____

5. _____

3

COMUNICAÇÃO E
FISIOLOGIA

No mundo cada vez mais acelerado em que vivemos, todos parecem se importar apenas consigo mesmo — para a maioria, é mais importante falar do que ouvir. Quando falamos mais do que ouvimos, é como se disséssemos que os sentimentos dos outros não nos interessam e, assim, não é possível evoluir, pois acabamos presos dentro de nosso ego.

É preciso prestar atenção no outro se quiser evoluir espiritualmente. Muito mais sábio do que falar é saber ouvir. É um exercício diário. Tente ouvir mais e falar menos.

> **"Loucura é querer resultados diferentes fazendo tudo exatamente igual!"**
>
> Albert Einstein

Como mencionei anteriormente, eu me tornei obcecado em obter a resposta para a seguinte pergunta: Qual é a diferença entre as pessoas que alcançam o sucesso e as que não alcançam — as que têm uma vida extraordinária e as que não têm?

Primeiro, precisamos compreender a distinção entre normal e comum. Quanto mais um acontecimento se repete, mais as pessoas acreditam que é normal.

É normal ter muitas contas para pagar, é normal trabalhar em um emprego só para pagar as contas, é normal ficar brigando com a balança e não ter um corpo saudável? Não! Tudo isso pode ser muito comum, mas não é normal! Você não foi criado para ser pequeno; foi criado para ser gigante, fazer a diferença, ser feliz e deixar um legado. Então, para que se conformar com o que é comum? Saia em busca de uma vida extraordinária.

Você não foi criado para ser pequeno; foi criado para ser gigante, fazer a diferença, ser feliz e deixar um legado.

Por muito tempo, acreditei que era impossível ter realmente uma vida extraordinária. E, quando digo uma vida extraordinária, quero dizer alcançar o sucesso e ser pleno em todas as áreas da vida, nas finanças, na saúde, na espiritualidade, na vida pessoal e profissional.

No entanto, quando comecei a estudar os padrões observados em pessoas que de fato tinham uma vida extraordinária e as que tinham uma vida medíocre, descobri uma enorme diferença. E, então, percebi que eu seguia o padrão das pessoas que tinham resultados medíocres na vida. Medíocre significa ser mediano, estar na média — mas eu não queria ser mediano, queria ter uma vida extraordinária e deixar meu legado. Logo, eu precisava identificar quais os padrões das pessoas que tinham resultados extraordinários.

Descobri que o primeiro padrão das pessoas que alcançavam o sucesso eram suas crenças. A grande maioria dos homens e mulheres que alcançam o sucesso tem crenças fortalecedoras, que foram construídas com base na "programação" e em experiências de vida. Essas crenças são determinantes nos seus resultados.

O segundo padrão é a comunicação, que pode ser interna, externa, verbal e não verbal (esta última é o que chamamos comumente de linguagem corporal). Comunicação é interação, e nós estamos sempre nos comunicando, seja de modo consciente ou inconsciente. A todo momento estamos dizendo ao mundo nossas emoções e intenções, e isso reflete em como o mundo nos enxerga e nos trata. Em poucos minutos de conversa com uma pessoa, consigo identificar esses padrões e se aquela pessoa terá sucesso ou resultados medíocres na vida.

Nossa postura, tanto corporal quanto mental, impacta diretamente nosso **estado emocional** e nossa fisiologia.

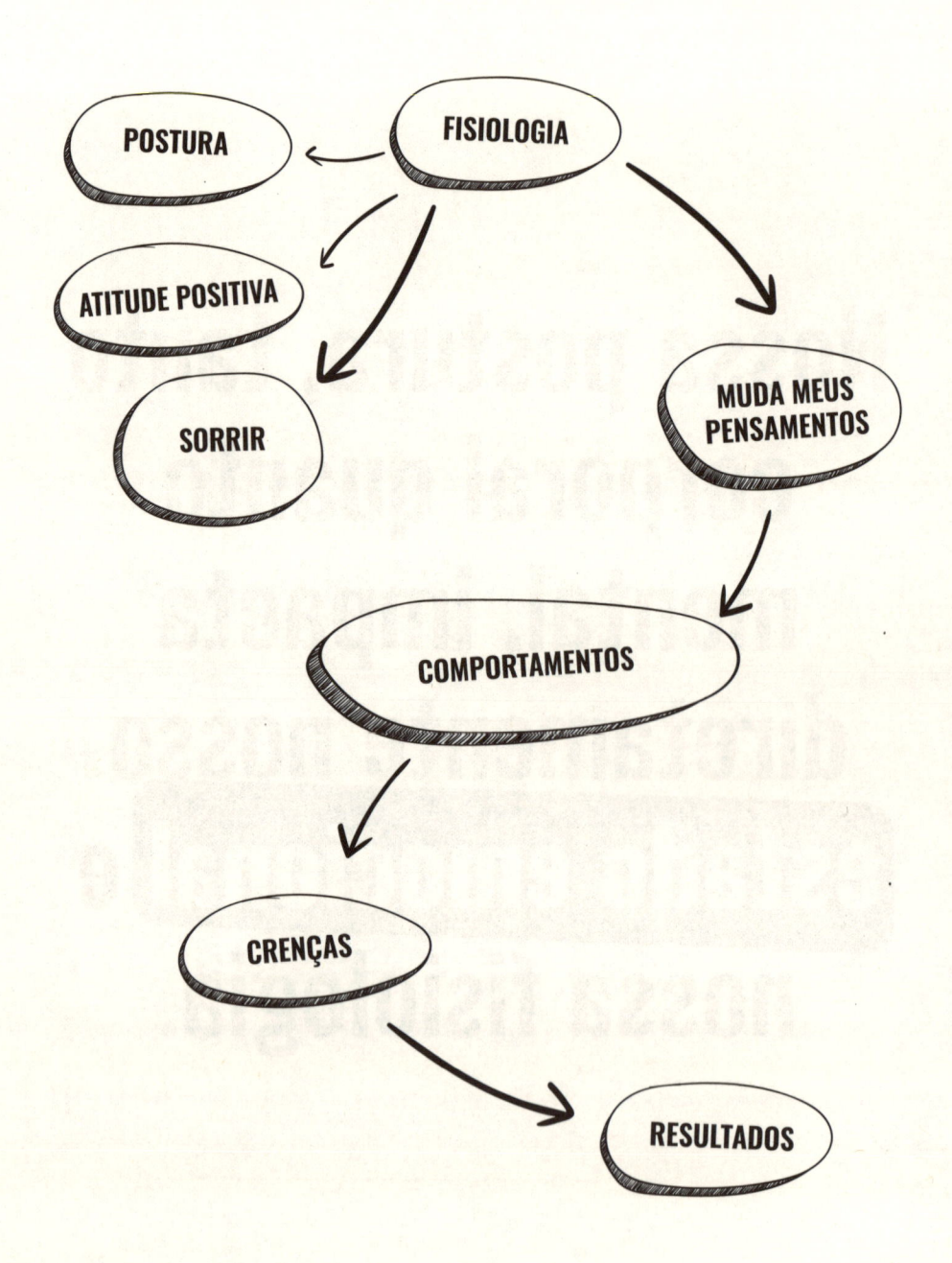

```
        ┌─────────────┐
   ┌────│  FISIOLOGIA │────┐
   ↓    └─────────────┘    ↓
┌────────┐              ┌──────────┐
│POSTURA │              │MUDA MEUS │
└────────┘              │PENSAMENTOS│
                        └──────────┘
┌──────────────┐              ↓
│ATITUDE POSITIVA│     ┌──────────────┐
└──────────────┘       │ COMPORTAMENTOS│
                       └──────────────┘
┌────────┐                    ↓
│ SORRIR │              ┌──────────┐
└────────┘              │ CRENÇAS  │
                        └──────────┘
                              ↓
                        ┌──────────┐
                        │RESULTADOS│
                        └──────────┘
```

Muitos de nós já sabemos que a comunicação interna tem grande influência sobre nossa fisiologia, nossa postura, nosso corpo, mas o que poucas pessoas sabem é que nosso corpo tem muita influência sobre nossos pensamentos e resultados. Nossa postura, tanto corporal quanto mental, impacta diretamente nosso estado emocional e nossa fisiologia. Além disso, sendo uma forma de comunicação não verbal, nossa postura afeta o modo como o mundo nos enxerga e interage conosco. Isso, por sua vez, reflete os resultados que obtemos na vida.

Em sua TED Talk "Sua linguagem corporal molda quem você é", a professora Ammy Cuddy, da Universidade Harvard, explica que estudos comprovam que nós fazemos inferências e julgamentos generalizados a partir da linguagem corporal, e esses julgamentos podem prever resultados muito significativos, desde quem contratamos ou promovemos até quem chamamos para um encontro. Segundo Cuddy, estudos conduzidos pela pesquisadora Nalini Ambady, da Universidade de Tufts, mostraram que, quando as pessoas assistem a clipes mudos de 30 segundos de interações reais entre médico e paciente, seu julgamento sobre a gentileza do médico prevê se ele será ou não processado.

Em outro estudo com resultados ainda mais impressionantes, Alex Todorov, da Universidade de Princeton, demonstrou que julgamentos de rostos de candidatos políticos por apenas um segundo previram 70% da composição do senado norte-americano e o resultado da disputa governamental.

Assim, o que se conclui é que a comunicação não verbal está diretamente envolvida no modo como julgamos os outros, como eles nos julgam e as consequências. Mas o que normalmente esquecemos nisso tudo é que nós também somos influenciados por nossa linguagem corporal, também somos influenciados por nossa comunicação não verbal, por nossos pensamentos, nossos sentimentos e nossa fisiologia.

Diante de muitas evidências de que a comunicação não verbal governa como os outros pensam e se sentem sobre nós, Cuddy pretendia demonstrar se o inverso era verdadeiro. Será que nossa comunicação não verbal é capaz de governar como nos sentimos e pensamos sobre nós mesmos? Mais uma vez, as evidências demonstraram que sim.

Sendo assim, qual a diferença na fisiologia das pessoas que têm sucesso e as que não têm? As pesquisas demonstraram que as pessoas poderosas tendem a ser mais assertivas, confiantes e otimistas, o que não é uma surpresa. Elas acreditam que serão vitoriosas até mesmo em jogos de sorte. Elas também tendem a ser capazes de pensar de forma mais abstrata, se arriscam mais. Fisiologicamente, também há diferenças em dois hormônios-chave: testosterona, que é o hormônio da dominância, e cortisol, que é o hormônio do estresse.

Mas o que isso significa? Sempre se pensou na dominância e no poder como reflexo de um alto nível de testosterona, mas os resultados sugerem que o segredo da atitude de sucesso é a resposta ao estresse. O modo como reagimos a situações de estresse é o verdadeiro determinante de seus resultados. Pois, como já falamos anteriormente, o modo como encaramos as situações da vida, baseado em nossa programação, nossas crenças e nossos significados, geram um impacto direto nos resultados.

Para demonstrar sua teoria, Cuddy preparou um pequeno experimento. Ela e sua equipe pediram que os participantes adotassem, por dois minutos, tanto poses de alto como de baixo poder. Uma dessas poses de poder foi apelidada pela mídia de "Mulher-Maravilha", por sua semelhança com a clássica pose da heroína — mãos na cintura, peito estufado, queixo levemente levantado. Poses de baixo poder envolvem corpos mais curvados, mão no pescoço, que é uma demonstração de proteção.

O modo como reagimos a situações de estresse é o verdadeiro determinante de nossos resultados.

Foram colhidas amostras de saliva antes e depois dos dois minutos e, então, perguntaram quão poderosas as pessoas se sentiram em uma série de itens. Os resultados demonstraram que os níveis de testosterona entre as pessoas que experimentaram as poses de alto poder tiveram um aumento de 20% e as de baixo poder tiveram uma queda de 10%. Quanto ao cortisol, as pessoas que tentaram as poses de alto poder tiveram uma queda de aproximadamente 25% e as pessoas em poses de baixo poder experimentam aumento de 15%. Veja que incrível, apenas dois minutos levam a mudanças hormonais que configuram o cérebro para ser assertivo, confiante e confortável ou altamente reativo ao estresse, e se sentindo um pouco distante. Ao que parece, nossa comunicação não verbal governa não apenas o modo como os outros pensam e se sentem sobre nós, mas como nos sentimos e pensamos sobre nós mesmos. Nossos corpos também mudam nossas mentes.

Pense em uma pessoa deprimida, por exemplo. Normalmente ela tem uma fisionomia abatida, triste, cara fechada, ombros caídos. Essa postura alimenta os pensamentos ruins que, por sua vez, geram comportamentos ruins que consequentemente produzem resultados ruins. Caso conheça alguém que esteja passando por um momento de depressão e queira ajudá-la, experimente o seguinte exercício, que deve ser repetido por ao menos uma semana. Peça que a pessoa se policie para manter uma postura o mais ereta e confiante possível, um sorriso no rosto, e, sempre que for perguntada sobre seu estado, ela deve responder que está ótima e cada vez melhor.

Mude sua comunicação e mudará seus resultados.

Faça um pequeno teste aí mesmo onde está. Coloque um sorriso verdadeiro em seu rosto, erga um pouco a cabeça e se mantenha assim por alguns minutos. Mesmo que não esteja com vontade de sorrir, faça de conta que está, só por alguns instantes, e perceberá a diferença que isso fará em seu bem-estar e em seus pensamentos. Ao alterarmos nossa comunicação interna e externa, conseguimos mudar os resultados em nossa vida.

Isso não significa que devemos sair por aí sorrindo o dia todo (o que seria insano e, possivelmente, você seria taxado como bobo). O objetivo é que você passe a maior parte do tempo sorrindo. Discordo de muitos autores de livros de autoajuda que sugerem que tudo é lindo e que na vida tudo são flores.

Nem todos os dias acordo com vontade de sorrir, e isso é totalmente normal, pois não somos máquinas, somos seres emocionais e reagimos ao mundo ao nosso redor. O fundamental é entender que podemos dominar nossas emoções, e isso começa com um processo de ressignificação e mudança de nossa fisiologia.

No Método T.E.S.®, recebo pessoas que não acreditam em si mesmas, mas, depois de passar por dinâmicas de alto impacto, em que são capazes de alterar seu estado emocional, elas conseguem fazer coisas que até então acreditavam ser impossíveis.

Identifique seus padrões de comunicação verbal e não verbal e comece a mudar as comunicações limitantes por comunicações mais poderosas, e verá resultados extraordinários em sua vida.

Atividade 3

Comece nas pequenas coisas. A partir de agora, preste atenção em todas as frases limitantes que você usa em seu dia a dia e as substitua por frases empoderadoras. A seguir, trago alguns exemplos das mais comuns. Identifique outras formas de comunicação verbal limitante e troque-as por uma comunicação verbal poderosa:

Palavras Limitantes	Palavras Poderosas
Não posso	Eu vou conseguir
Vou tentar	Vou fazer
Impossível	Possível
Estou doente	Estou ficando cada vez melhor
Gostaria de	Eu quero
Difícil	Desafiante

COMUNICAÇÃO E FISIOLOGIA

Problema

Sou um desastre

Não faço nada direito

Não vai dar certo

_____

_____

_____

_____

_____

_____

Questão

_____

_____

_____

_____

_____

_____

_____

_____

_____

4

AUTORREALIZAÇÃO

Você usa a tecnologia para espalhar sua mensagem pelo mundo?

O sucesso e o dinheiro serão apenas consequências da transformação que você trará ao mundo. Nas mãos certas, a tecnologia pode ser uma bênção, usada para espalhar amor e gratidão. Mas, nas mãos erradas, pode se transformar em uma verdadeira maldição.

Entenda que só há duas opções: ou você influencia o mundo com sua mensagem ou acabará em algum momento influenciado por ele. Talvez sua dificuldade em evoluir seja causada pelos vícios cotidianos, por deixar que a tecnologia, em vez de ajudar, lhe roube tempo e domine sua mente.

Se quer mesmo alcançar seu objetivo, gaste menos tempo com pessoas e atividades que pouco agregarão em sua vida, comece a filtrar as pessoas em seu convívio, seja presencial ou virtual.

....

> **Saiba que são suas decisões, e não suas condições, que determinam seu destino.**
>
> — Anthony Robins

Você já deve ter ouvido a frase: "Nada acontece por acaso." Apesar de muito batida, ela não deixa de nos trazer uma verdade. Portanto, sucesso e fracasso também não acontecem por acaso; eles deixam rastros. Uma empresa não abre falência da noite para o dia, uma pessoa não fica obesa da noite para o dia.

Os resultados da sua vida decorrem de suas decisões diárias e dependem única e exclusivamente de você. Muitas pessoas vivem reclamando dos resultados, mas não mudam suas atitudes e decisões. A diferença entre as pessoas que alcançam o sucesso e as que ficam estagnadas é a atitude — agir é a ponte que separa sonhos de realizações.

Na vida, temos duas opções: assumir o banco do motorista, tomar a direção, fazer as coisas acontecerem e criar as oportunidades, ou sentar no banco do carona, deixar a vida se desenrolar e esperar pelas oportunidades. Normalmente, boa parte das pessoas prefere o banco do carona, pois é mais cômodo; lá, não é preciso assumir responsabilidades e, quando alguma coisa dá errado, a culpa é do motorista.

Sucesso e fracasso não acontecem por acaso; eles deixam rastros.

Toda vez que contamos uma história para justificar uma derrota, ensinamos nosso cérebro a se contentar com a resposta e que é melhor permanecer na zona de conforto.

É muito mais simples nos isentar da nossa responsabilidade e nos vitimizar. Quantas pessoas você conhece que não têm resultados satisfatórios na vida e ficam contando historinhas para justificar suas derrotas? No entanto, toda vez que contamos uma história para justificar uma derrota, ensinamos nosso cérebro a se contentar com a resposta e que é melhor permanecer na zona de conforto.

Talvez você conheça pessoas que estão acima do peso e uma vida inteira vêm se justificando com histórias de que a culpa é do metabolismo, a culpa é da tireoide, a culpa é... e assim ela fica acomodada na zona de conforto sem fazer nada para mudar. Vale lembrar que, de fato, existem pessoas que apresentam uma dificuldade maior no controle de peso, seja por um distúrbio físico ou por questões psicológicas, mas mesmo nesses casos é possível buscar ajuda para melhorar sua condição e saúde física. As dificuldades em si não podem se transformar em uma muleta para que você deixe de procurar ajuda ou de tentar combater o problema.

AUTORREALIZAÇÃO

Talvez você conheça uma pessoa que vive reclamando do chefe: a culpa por ela não ser promovida é do chefe; a culpa por ela não ganhar mais é do chefe; meu chefe não me valoriza; meu chefe não reconhece meu trabalho; meu chefe... e assim ela têm uma justificativa para o porquê de ela não evoluir na vida.

Esse cenário só mudará quando essa pessoa se der conta de que as coisas realmente acontecerão quando ela assumir a direção de sua vida, parar de colocar a culpa nos outros, assumir a responsabilidade e criar as oportunidades. O psicólogo norte-americano Carl Rogers[1] chama isso de autorrealização. Para ele, o poder de criar as oportunidades na sua vida e ter grandes realizações só depende de você, mas o primeiro passo é assumir a sua responsabilidade como motorista. Deus lhe deu a "vida"; agora, as decisões de como conduzi-la são suas.

Estou me referindo a realizações. Você tem o poder, como cocriador de seu destino, de construir os resultados da sua vida, mas não tem o poder de mudar alguns acontecimentos em sua vida — apenas de como reagir a eles. Uma pessoa que sofreu um acidente, obviamente, não queria sofrer o acidente e nem foi essa sua decisão, foi um acontecimento, e os resultados da vida dela agora dependem de como ela atribuirá significado a esse acidente. Se ficará se lamentando, se vitimizando ou aprenderá algo positivo e se levantará mais forte, ensinando e ajudando outras pessoas.

No momento em que escrevo este capítulo, o mundo passa por um momento muito difícil e sombrio. Estamos diante de uma pandemia com sérias consequências mundiais. O mundo todo está tendo que reaprender um novo normal.

---
[1] Carl Ransom Rogers atuou na terceira força da psicologia e desenvolveu a Abordagem Centrada na Pessoa. Sua dedicação à construção de um método científico na psicologia foi reconhecido por um prêmio da Associação Americana de Psicologia, da qual também foi eleito presidente, em 1958, tendo sido um pioneiro no estudo sistemático da clínica psicológica.

Isolamento social, crise econômica e milhares de mortos. Ao observarmos o que já aconteceu em outros países, que enfrentam o caos e o colapso dos sistemas de saúde, nos perguntamos como será aqui. O medo e a ansiedade tomam conta de nós, mas é justamente em momentos assim que precisamos encontrar forças para enfrentar as dificuldades.

A crise econômica e o abalo social e mental são inevitáveis, mas como sairemos desta experiência depende principalmente de nós. Obviamente que todos gostaríamos de voltar ao mundo de antes, a janeiro de 2020, e simplesmente retomar a nossa vida como antes. No entanto, isso não é mais possível, e é em momentos assim que devemos tomar uma decisão crucial. Qual significado atribuiremos a estes acontecimentos e como pretendemos sair desta experiência?

Ultimamente, nos acostumamos a ouvir falar de resiliência. Essa palavra tem sido usada em uma ampla gama de cenários para se referir à capacidade de enfrentamento de crises e superação de obstáculos. Resiliência é um termo emprestado da física e, segundo o *Dicionário Houaiss*, significa "a propriedade que alguns corpos apresentam de retornar à forma original após terem sido submetidos a uma deformação elástica". O termo ganhou uma derivação de sentido descrita pelo mesmo dicionário como sendo "a capacidade de se recobrar ou se adaptar à má sorte ou às mudanças".

Embora eu entenda que a resiliência, em seu sentido figurado, seja uma importante capacidade a ser desenvolvida e cultivada, neste momento, e ao enfrentarmos qualquer tipo de dificuldade ou desafio, acredito que apenas ser resiliente não basta. A resiliência, embora importante, nos priva de dar um passo além e deixa de considerar uma parte crucial da dificuldade ou do desafio: o aprendizado.

Em *Antifrágil: Coisas que se beneficiam com o caos*, Nassim Nicholas Taleb, professor de engenharia de riscos da Universidade de Nova York e autor do best-seller *A Lógica do Cisne*

O antifrágil consegue ir além, supera a dificuldade e se **transforma** e aprimora.

Negro, propõe a noção de antifragilidade, o oposto da fragilidade, que vai além da resiliência. Enquanto o resiliente resiste aos choques, ao tempo e permanece o mesmo, o antifrágil se transforma, evolui, melhora. Taleb é reconhecido como uma das maiores referências no mercado financeiro em razão de seus estudos sobre gerenciamento de riscos e incerteza.

No mundo financeiro, o conceito de "antifrágil" é, basicamente, ligado à capacidade que algo ou alguém possui de se beneficiar de situações em que existem riscos generalizados, conhecidas como situações de caos. Enquanto a grande maioria das pessoas é atingida pelo desespero, o antifrágil detém a habilidade de ser estratégico e usar o momento para lucrar. No entanto, segundo Taleb, esse conceito não se aplica exclusivamente ao cenário financeiro; ele é válido para todas as áreas da vida.

De acordo com essa lógica, que contraria o modelo tradicional de que o oposto de fragilidade é a força ou a resiliência — características de quem é capaz de suportar situações extremas sem se alterar, mas que o impedem de se aprimorar no caos, permanecendo no mesmo estado em que estava antes —, o antifrágil consegue ir além, supera a dificuldade e se transforma e aprimora. Taleb afirma que dizer que a resiliência é o oposto da fragilidade é como dizer que neutro é o oposto de negativo. A antifragilidade é a capacidade de encarar os eventos adversos de frente e se aperfeiçoar.

O sucesso, como discutimos anteriormente, não acontece por acaso. E o caminho para as grandes realizações é repleto de desafios e dificuldades. E, sem uma atitude antifrágil diante da vida, o máximo que vamos conseguir é não sair do lugar. A resiliência.

As experiências, tanto as boas como as más, precisam servir como aprendizado. Precisamos entender que não haverá grandes conquistas em nossa vida sem antes passarmos por uma grande preparação: os desafios.

Gosto de uma história que ilustra esse cenário. Certa vez, um agricultor ficou até tarde da noite trabalhando no campo, chegou em casa de madrugada e seu filho pequeno o esperava sentado na sala. O pai levou um susto, pois já era tarde e o garoto não havia dormido. Então, se sentou ao lado do filho e perguntou por que ele ainda estava acordado. O menino respondeu que estava acordado porque também precisava fazer uma pergunta para seu pai.

O menino perguntou por que o pai estava trabalhando até tarde se ainda não era época da colheita nem de semear. Ao que o pai respondeu: "Filho, antes da colheita existe a preparação. Eu estava no campo até agora preparando e arando o solo, para somente daqui a alguns dias plantar." O garoto continuou sem entender por que o pai não poderia simplesmente plantar sem arar o solo, e o pai novamente lhe explicou que, se jogasse a semente diretamente no solo sem prepará-lo, a semente não absorveria os nutrientes necessários para crescer forte e dar frutos.

Nossa vida é como um campo cultivável. Antes até de plantarmos uma grande conquista, é preciso uma grande preparação. Se quisermos alcançar algo grandioso, precisamos entender que a maioria dos acontecimentos ruins na nossa vida é uma preparação para que possamos chegar ao topo, ao ápice. Quando tomamos consciência disso, passamos a encarar esses acontecimentos como dádivas, algo que acontece para nos deixar mais fortes e mais preparados. No entanto, para que possamos conseguir encará-los dessa maneira, precisamos entender a regra de que nada nem nenhum acontecimento em nossa vida tem significado e importância; somos nós que atribuímos significado e grau de importância a cada acontecimento.

São as nossas decisões diárias de comunicação e comportamento que produzem resultados de sucesso ou fracasso na nossa vida. Diante de um acontecimento ruim, sempre tenho duas opções: me lamentar e sofrer ou encarar e aprender. Se quero prosseguir na caminhada em direção ao sucesso, preciso encarar a vida como um autorrealizador, como alguém que encara os acontecimentos ruins, aprende e se torna mais forte, um antifrágil, e não alguém que se abate e se vitimiza por tudo.

Em suma, precisamos mudar nossa atitude diante das dificuldades e desafios da vida. Precisamos revisar nosso sistema de crenças e de atribuição de significado. Precisamos desenvolver a antifragilidade, aprendendo e nos aprimorando com as experiências e desafios. Só assim estaremos preparando um solo fértil para semear e plantar nossas grandes realizações.

Precisamos desenvolver a **antifragilidade**, aprendendo e nos aprimorando com as experiências e os desafios.

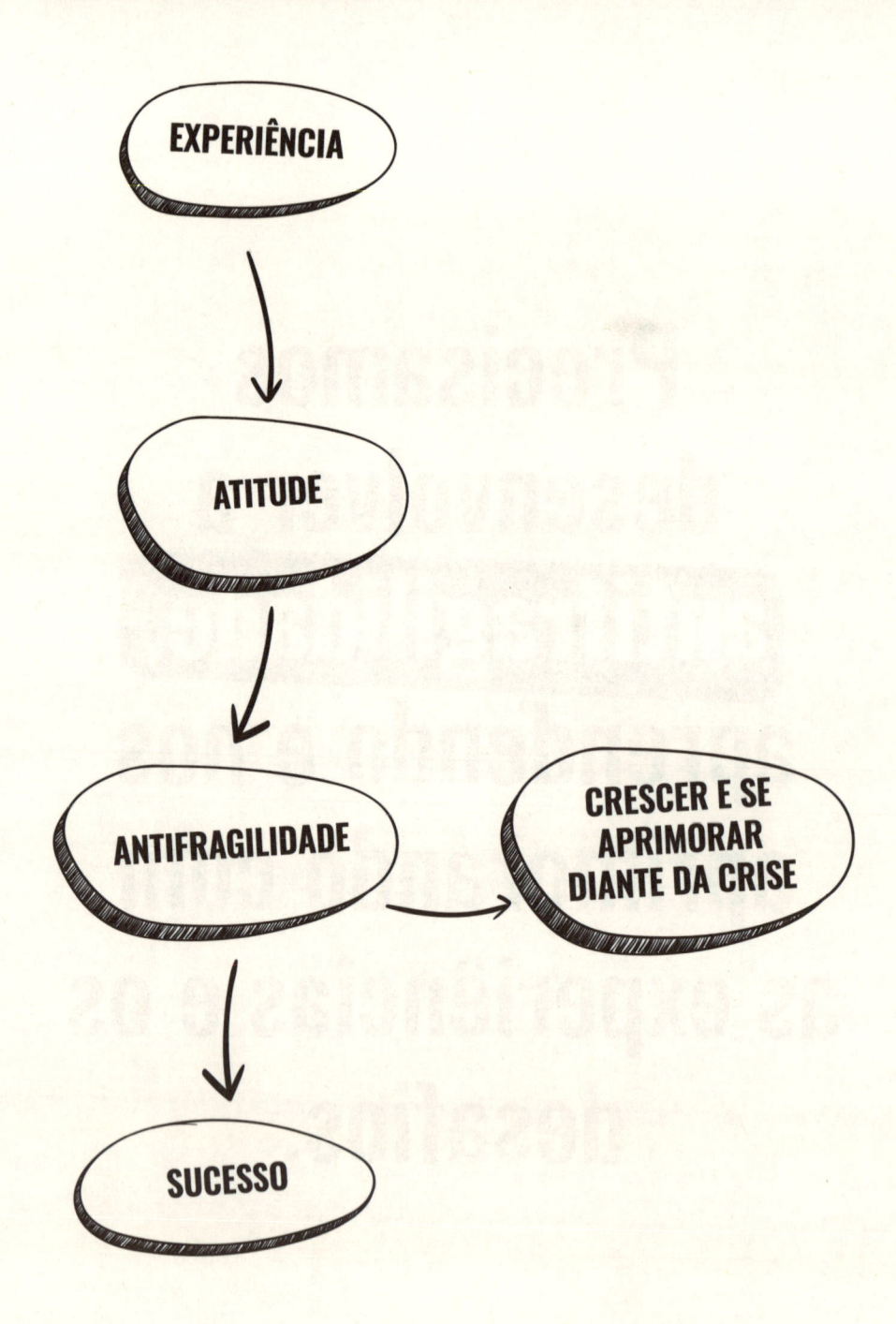

```
EXPERIÊNCIA
    ↓
  ATITUDE
    ↓
ANTIFRAGILIDADE → CRESCER E SE APRIMORAR DIANTE DA CRISE
    ↓
  SUCESSO
```

Atividade 4

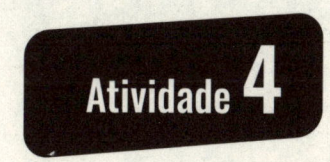

Pare por um momento e tente identificar atitudes e comportamentos que possam estar impedindo seu progresso em direção a seus objetivos.

_____
_____
_____
_____
_____
_____
_____
_____
_____
_____
_____
_____
_____
_____
_____
_____

5

A COLHEITA VEM SOMENTE APÓS O PLANTIO

O mundo hoje está cada vez mais virtual. As pessoas parecem máquinas conectadas o tempo todo a quem está distante e alheias às pessoas ao seu redor. Tudo parece mais triste, frio e robótico.

As pessoas se tornam cada vez mais infelizes, presas ao universo de aparências das redes sociais. Comparam suas vidas com a suposta perfeição de quem só se exibe superficialmente. E assim começa a batalha para se alcançar o que não existe. A vida passa a ser uma luta em busca de uma ilusão.

É preciso entender que nem todos os que postam fotos lindas e ricas são, a todo momento, vencedores — eles só mostram os palcos e não os bastidores. É hora de parar de se comparar; cada um tem seu caminho, e a sua jornada para o sucesso só você pode trilhar.

Seja sua melhor versão, dê o seu melhor e não se compare com ninguém. Na vida, existe um ciclo que não requer competição, basta entender que antes de uma grande conquista virá uma grande preparação. Evolua, construa sua história, fortaleça seu espírito e se torne cada vez mais inabalável.

Em um mundo de aparências, só é feliz quem vive sua verdade.

> **Aquele que não luta pelo futuro que quer deve aceitar o futuro que vier.**
>
> Autor Desconhecido

No capítulo anterior, falamos sobre a importância de sair do banco do carona e assumir a direção de sua vida. Só consegue ter uma vida extraordinária quem toma a decisão de sair de sua zona de conforto e assumir riscos, ao mesmo tempo em que cria as próprias oportunidades e toma decisões. Isso é sentar-se no banco do motorista.

No entanto, depois de conseguir alcançar sucesso em sua vida, começará a perceber certos comportamentos das pessoas ao seu redor, como, por exemplo, dizerem que você tem sorte. Costumo dizer que quanto mais eu me preparo, mais sorte eu tenho, pois a sorte é o encontro da preparação com a oportunidade.

Precisamos entender que para alcançar um objetivo, seja ele grande ou pequeno, precisamos estar dispostos a pagar o preço, sair da zona de conforto e entrar na zona de confronto.

O quanto você tem se preparado? Sua sorte depende diretamente de ações efetivas na direção de seus objetivos. Quantas pessoas você conhece que querem ter uma vida financeira extraordinária e não conseguem, ou que querem abrir a própria empresa e continuam trabalhando de empregados uma vida toda? Quantas pessoas você conhece que querem começar a praticar atividades físicas e nunca dão sequer o primeiro passo? Falaremos sobre o motivo dessa inação da maioria das pessoas, mas antes de tudo precisamos entender que para alcançar um objetivo, seja ele grande ou pequeno, precisamos estar dispostos a pagar o preço, sair da zona de conforto e entrar na zona de confronto.

Existem duas forças que comandam nosso cérebro nas tomadas de decisões. Essas forças são dor e prazer. Nosso cérebro faz de tudo para nos afastar da dor e faz mais força ainda para nos aproximar daquilo que nos causa prazer. A grande força que nos mantém na zona de conforto é o prazer. Nosso cérebro prefere o prazer em curto prazo do que o prazer em médio ou longo prazo, então ele molda nossos comportamentos para buscarmos o prazer imediato; mas isso pode ser prejudicial para nossos resultados.

No final dos anos 1960 e início dos anos 1970, uma equipe liderada pelo psicólogo Walter Mischel, na época professor da Universidade de Stanford, conduziu um estudo sobre recompensa postergada, que se tornou conhecido em todo mundo como experimento do marshmallow.

O experimento consistia em deixar uma criança de cada vez sozinha em uma sala de frente para uma mesa em que havia uma guloseima (que podia ser um marshmallow, um cookie ou um pretzel). A única informação que os pesquisadores davam para a criança era que se quando eles voltassem na sala a guloseima ainda estivesse lá, ela ganharia mais uma e, aí sim, poderia comê-las.

A COLHEITA VEM SOMENTE APÓS O PLANTIO

Algumas das crianças conseguiram resistir à tentação e esperar por um prazer maior em médio prazo; já a grande maioria comeu a guloseima assim que o pesquisador saiu da sala, demonstrando que a maioria de nós busca o prazer em curto prazo, e isso muitas vezes pode nos causar prejuízo.

As mesmas crianças foram avaliadas anos mais tarde na fase adulta, entre os 27 e 32 anos, e os pesquisadores confirmaram que as crianças que esperaram para ganhar o segundo marshmallow, ou seja, postergaram a recompensa, se tornaram adultos mais decididos, assertivos, otimistas e com maior autoestima e eram mais eficazes para atingir metas em longo prazo.

A procrastinação é um dos principais fatores que nos impedem de alcançar nossos objetivos. Na maioria das vezes, procrastinar é um mecanismo de defesa acionado pela associação de uma dor (aqui entendida como um sofrimento, uma ação que causa algum tipo de desconforto, em oposição à sensação de prazer) à tomada de determinada atitude, e pela tendência do cérebro de buscar primeiro o prazer em curto prazo. Por exemplo, a pessoa que sabe que precisa começar a praticar atividades físicas e fica adiando, na verdade, está respondendo a uma neuroassociação cerebral da atividade com dor e, diante da possibilidade de uma experiência negativa, o cérebro passa a buscar alternativas prazerosas, como ficar em casa relaxando e comendo.

Para quebrarmos o ciclo da procrastinação, precisamos mudar nossa forma de encarar determinada atividade, transformando as ações essenciais para nosso desenvolvimento, para que atinjamos nossos objetivos em neuroassociações positivas (de prazer). No exemplo anterior, significa associar a prática de atividades físicas a um prazer, e a ausência de exercícios à dor. Para isso, posso alimentar meu cérebro com imagens que transmitam o prazer de transformar meu corpo fisicamente, depois de praticar atividades físicas regularmente, e outras que mostrem ao cérebro os diferentes cenários de dor que não me cuidar, não praticar atividades físicas e não fazer dieta podem acarretar em minha saúde.

Enquanto você fica esperando o momento perfeito, outras pessoas estão agindo, tomando atitudes, saindo da zona de conforto. Então, aja, faça, parta para ação.

Para sair da zona de conforto, você precisa mostrar para seu cérebro toda dor resultante da inércia e todo prazer que pode ser obtido ao sair da zona de conforto e partir para ação. Muitas pessoas ficam esperando o momento perfeito para agir, para iniciar uma dieta, para começar uma nova empresa. Gosto de dizer que o feito é melhor do que o perfeito, porque o perfeito pode nunca acontecer. Enquanto você fica esperando o momento perfeito, outras pessoas estão agindo, tomando atitudes, saindo da zona de conforto. Então, aja, faça, parta para ação.

Comece fazendo um pequeno exercício.

A COLHEITA VEM SOMENTE APÓS O PLANTIO

Escreva a seguir uma atitude que precisa tomar, mas vem procrastinando:

_____
_____
_____
_____
_____

Qual a dor você percebe que está associando à ação e que o impede de tomar essa atitude:

_____
_____
_____
_____
_____

Qual dor você pode sofrer em médio e longo prazo se não tomar essa atitude:

_____
_____
_____
_____
_____

Agora, descreva todo prazer que poderá experimentar em médio e longo prazo se tomar essa atitude:

_____
_____
_____
_____
_____
_____
_____
_____

Não importa se seu objetivo é gigantesco ou simples de alcançar — sem ação, você não conseguirá atingi-lo. Então, a primeira coisa que precisamos fazer em busca de nosso objetivo é agir. No entanto, só agir não basta; é preciso agir certo, na direção certa, pois ações erradas só servirão para gastar energia e perder tempo.

Costumo ilustrar esse fato com a história de um rei, o mais rico de sua época, que resolveu fazer uma competição. Ele revelaria onde estava escondido um tesouro valiosíssimo, mas achar esse tesouro não seria tão fácil assim. Quem quisesse entrar no jogo precisaria percorrer um longo caminho para chegar até o local.

Dois amigos resolveram participar e receberam o mapa do tesouro perdido apenas com a rota para seguir até o tesouro e, assim, iniciaram sua jornada. Mas cada um resolveu tomar um caminho diferente. O primeiro seguiu pelo norte, caminhou durante vários dias e várias noites até chegar ao

A COLHEITA VEM SOMENTE APÓS O PLANTIO

ponto no qual estava escondido o tesouro. Quando chegou, ele vibrou, comemorou e começou a cavar.

Depois de cavar o máximo que pôde com as mãos até não aguentar mais de tanto cansaço, chegou um mensageiro do rei e disse para ele parar de cavar, pois o tesouro já havia sido encontrado pelo seu amigo. Ele ficou indignado e sem entender, mas quando se reencontrou com o amigo percebeu ele estava observando a orientação do mapa de cabeça para baixo, o que o fez tomar o caminho errado até o tesouro. Os dois agiram — a diferença é que um agiu certo e de maneira eficaz enquanto o outro seguiu pelo caminho errado e acabou de mãos abanando.

O grande problema é que a maioria das pessoas não sai do planejamento, do vislumbre do sonho. Quantas vezes você já fez listas de metas para o ano novo que não saíram do papel? O planejamento e a identificação de metas e ações a serem tomadas são um passo importante, mas não são de modo algum suficientes. Muitas vezes, o planejamento acaba se deparando com a barreira da falta de conhecimento em relação às ações corretas para alcançar suas metas em direção a vida extraordinária com que tanto sonha. O que precisa ficar claro é que além de agir é preciso que as ações sejam massivas e na direção certa.

Por muito tempo da minha vida, fui obeso. Aliás, desde que me conheço por gente, a maior parte da minha vida, fui gordo, e me lembro muito bem de como isso era difícil e o quanto de chacota tive que enfrentar na época da escola. Na adolescência tudo continuava igual, eu sabia que precisava emagrecer, mas não agia, ficava apenas no sonho, no planejamento.

Tudo começou a mudar depois que passei a investir em conhecimento e conhecer ferramentas de alta performance. Estudando os homens e as mulheres mais bem-sucedidos do mundo, aprendi que, para alcançar qualquer objetivo na vida, eu precisava sair do planejamento e o primeiro passo seria colocar isso no papel.

Na década de 1950, a Universidade de Yale, nos Estados Unidos, conduziu uma pesquisa com estudantes da área de negócios. A pesquisa consistia simplesmente em perguntar aos acadêmicos quais eram seus planos para depois que concluíssem a graduação. Os resultados constataram que, dentre os entrevistados, 87% não sabiam ainda o que fariam; 10% tinham uma ideia em mente em que trabalhar após a graduação; e apenas 3% tinham uma ideia bem clara e definida dos seus objetivos, haviam colocado as metas no papel e desenhado um plano para atingir seus objetivos.

Pesquisas de acompanhamento, 20 anos mais tarde, revelaram que esses mesmos universitários, os 3% que tinham uma ideia clara e definida no papel de seus planos e metas, valiam financeiramente 3 vezes mais do que os outros universitários.

Agora, vou guiá-lo por um pequeno roteiro para que alcance qualquer objetivo que desejar na vida. O que precisa ficar claro é que o primeiro passo é a ação. Então, você precisará realmente colocar no papel o que lhe mostrarei a seguir, de modo que o caminho fique claro para você. Afinal, como diz a célebre frase de Lewis Carroll em sua obra *Alice no País das Maravilhas*: "Para quem não sabe para onde vai, qualquer caminho serve."

Então, juntos vamos traçar o caminho para que você alcance seu objetivo, seja ele pequeno ou grande. Vamos transformá-lo, juntos, em uma grande conquista.

No entanto, antes de estabelecer um objetivo, é preciso entender que vivemos em um mundo abundante. Em uma era de abundância, a tecnologia tornou as coisas muito mais acessíveis. Este é um mundo em que é possível que um jovem de 15 anos se torne um milionário em poucos dias.

"**Para quem não sabe para onde vai, qualquer caminho serve.**"

Lewis Carroll

Na internet, há uma infinidade de recursos à disposição para sua busca da vida de seus sonhos. Então, antes de estabelecer o objetivo que deseja alcançar, tenha isto em mente: você vive em um mundo abundante, assim estabeleça um objetivo abundante e não pequeno, algo que realmente o aproxime da vida extraordinária que deseja ter.

Primeiro, vamos entender qual a real diferença entre objetivos e metas. Para simplificar, basta entendermos que objetivo é o destino final da jornada, enquanto as metas são o passo a passo a ser seguido a fim de alcançar seu objetivo.

Antes de colocar suas metas e seus objetivos no papel, precisamos seguir alguns princípios. Para estabelecer um objetivo, é preciso compreender que o nosso cérebro requer especificidade. Por exemplo, digamos que seu objetivo seja emagrecer; simplesmente determinar que quer emagrecer não é um objetivo específico, pois, se conseguir perder cem gramas em três meses, para o seu cérebro, o objetivo foi atingido.

Para especificar melhor para seu cérebro o que você deseja, estabeleça um parâmetro, por exemplo, emagrecer dez quilos até determinada data. Então, ao descrever seu objetivo e suas metas, seja bem específico.

A seguir, escreva qual o objetivo que você deseja alcançar e especifique o máximo possível.

Objetivo: _____

_____

Data limite para alcançar: ___/___/_____

Agora é hora de especificar as metas — como eu disse anteriormente, as metas são o passo a passo para alcançar seu objetivo.

Para que possamos atingir nossas metas, precisamos seguir alguns critérios, que envolvem rituais, alavanca e guardiões. Explicarei cada um desses critérios para que você consiga realizar suas metas e alcançar seu objetivo.

Todos nós praticamos rituais diariamente. Desde a hora em que acordamos até o momento em que vamos dormir, existem rituais praticados de forma inconsciente e consciente, e ambos têm influência direta nos nossos resultados e na nossa qualidade de vida.

Um exemplo de ritual inconsciente acontece no momento em que despertamos. Quando você aperta o botão "soneca" no despertador, está praticando um ritual por meio do qual diz ao seu cérebro que prefere ficar dormindo do que acordar. Quando isso acontece, é o mesmo que dizer que a vida não vale a pena e que é muito melhor ficar dormindo. No entanto, chega uma hora em que você precisa acordar e levantar, mas, quando isso acontece, seu inconsciente já está condicionado a viver uma vida que não vale a pena. Assim, meu primeiro conselho transformador é o de não colocar seu despertador no modo soneca.

Os rituais conscientes são as atitudes que tomamos cientes, ou pelo menos achando que estamos cientes, do que estamos fazendo, como, por exemplo, ao decidir comprar coisas de que não precisamos ou comer um alimento que não é saudável. Estes são rituais que afetam a vida financeira e a saúde, e que trarão resultados bons ou ruins, dependendo dos tipos de atitudes tomadas durante o dia.

Qual seu ritual financeiro? Você é o tipo de pessoa que investe e busca aprender mais sobre dinheiro ou que não controla suas finanças? Seu futuro financeiro não depende apenas do quanto você ganha, mas também do quanto gasta. Existem pessoas que gastam dinheiro que não podem, para comprar coisas de que não precisam, para mostrar a pessoas que não se importam com elas.

Para ter sucesso financeiro, é preciso ter rituais diários que o levem a esse objetivo. Um ótimo ritual é controlar as entradas e as saídas — fazer uma tabela ou baixar um aplicativo no smartphone para lançar todos seus gastos, bem como suas entradas, a fim de começar a acompanhar seu fluxo de entradas e saídas.

Quais são seus rituais de saúde? As decisões que você toma no seu dia a dia quanto à alimentação e aos exercícios físicos estão aproximando-o ou afastando-o da saúde e do corpo que deseja ter? É importantíssimo analisar se nossos rituais estão nos levando em direção ao nosso objetivo.

Sempre gostei de estudar pessoas de sucesso e o que elas fizeram para chegar lá, e se tem uma coisa que homens e mulheres de sucessos têm em comum são rituais poderosos que criam resultados extraordinários. Existem alguns rituais básicos que a grande maioria deles faz, e eu os compartilharei com você.

Ritual pré-sono

Hora de dormir é hora de dormir. Então, não leve o celular para cama e, de preferência, mantenha o quarto totalmente escuro. Isso facilitará a produção de melatonina, o hormônio responsável pela indução ao sono; ela influi no ritmo circadiano, o ciclo de sono-vigília, e sua liberação é inibida pela luminosidade.

O período pré-sono é o melhor momento para programar seu cérebro para os acontecimentos do dia seguinte, uma vez que, nele, você não está totalmente dormindo, mas também não está totalmente acordado. É nesse momento que você pode fazer uma programação poderosa em seu cérebro, pois nosso inconsciente fica suscetível a gravar novas informações. Assim, repita mentalmente frases positivas, declarando que seu dia será incrível; foque e crie imagens de tudo de bom que você quer que aconteça no seu dia; diga para seu cérebro acordá-lo motivado e feliz; repita o horário em que deseja acordar. Experimente: os resultados são espantosos. Você ficará impressionado em ver como o seu cérebro é eficiente em seguir ordens, desde o horário que você o programou para acordar até os sentimentos de alegria e motivação. Pode parecer besteira, mas isso o ajudará a acordar mais motivado e entusiasmado, o que refletirá nos resultados de seu dia.

Primeiro ritual matinal

Acorde, sem usar o modo soneca, e coloque um sorriso no rosto por pelo menos dois minutos, pensando somente em coisas boas que podem acontecer no seu dia. Estudos sobre fisiologia demonstram que um sorriso verdadeiro aumenta a produção de serotonina, o neurotransmissor regulador de humor; então, começar o seu dia sorrindo é uma ótima maneira de trazer mais felicidade para sua rotina. Antes mesmo de levantar, abra os olhos, coloque um sorriso no rosto e permaneça na cama por alguns instantes, sorrindo.

Segundo ritual matinal

Beba água. É bom que sua primeira "refeição" do dia seja um copo de água com pH acima de 10. (pH significa o poder de oxidação da água, o quanto essa água ajudará a alcalinizar o seu corpo. A alcalinização ajuda a remover as impurezas do corpo.) Água de torneira tem seu pH normalmente perto de 5, o que não é muito eficaz para esta finalidade; procure, então, beber água mineral com pH acima de 10.

Terceiro ritual matinal

Minutos de gratidão. Independentemente da sua fé ou religião, tire alguns minutos pela manhã para agradecer pela vida, pelo dia, pela família, pelo que você desejar. Fique alguns minutos apenas agradecendo. O ato de agradecer aumenta a produção de ocitocina, o neurotransmissor do amor. Ser grato é emanar para o universo uma energia que voltará para você trazendo todas as coisas boas que deseja; então, agradeça todos os dias pela manhã por pelo menos cinco coisas ou acontecimentos da sua vida.

Quarto ritual matinal

Silêncio. Todos os grandes nomes da humanidade sabiam a importância do silêncio, de ficar só e se concentrar no momento presente. A meditação é como se fosse um relaxamento para o cérebro. Ela ajuda a otimizar seu dia, bem como a tomar decisões mais assertivas. Mas meditar não é pensar em nada; meditar é apenas silenciar, ficar quieto e se concentrar.

Existem diversos tipos de meditação que trazem benefícios incalculáveis, mas meditar não pode ser um fardo, algo feito por obrigação. Precisa ser PRAZER e, para tanto, você não pode ser obrigado a praticá-la. Para que a meditação seja um PRAZER em sua vida, medite apenas o tempo suficiente para que seja prazerosa; um minuto por dia já está valendo.

Sente-se em uma posição confortável e concentre-se apenas na sua respiração. A respiração controla todas suas células (é ela que dá vida à oxigenação das células). Respire profunda e tranquilamente, e não tente controlar seus pensamentos. Sempre que perceber que está experienciando pensamentos aleatórios, apenas diga mentalmente para si mesmo "estou pensando" e volte a focar sua respiração.

Caso sinta dificuldade em meditar sozinho, na internet há vários áudios de meditação guiada, bem como aplicativos para essa finalidade. A prática do silêncio ajuda a acalmar a mente e o coração. Quer dar férias para seu cérebro? Medite nem que seja um minuto por dia.

Quinto ritual matinal

Atividade física. Não sou personal trainer, nem profissional de educação física, mas todos nós sabemos a importância da atividade física para nossa saúde. Aqui, o que vale é a regularidade e não a quantidade.

Regularidade significa praticar atividade física todos os dias por pelo menos dez minutos. Não estou falando sobre práticas de exercícios com ênfase em ganho de massa muscular ou queima de gordura; estou me referindo à saúde e, para isso, a constância é mais importante do que a quantidade. Pode ser uma caminhada acelerada, uma corrida, alguns polichinelos ou até mesmo flexões de braço — o importante é praticar atividade física pela manhã.

Ritual diário

Alimentação. Somos o que comemos, e nosso organismo consome energia o tempo todo, mesmo quando estamos dormindo. A quantidade de energia disponível em nosso corpo determina o poder da ação para realizar as tarefas do dia. Se estou com pouca energia, minha concentração e meu empenho para alcançar meus objetivos diminuem. Por isso, é de suma importância cuidar da nossa alimentação, desde a primeira até a última refeição do dia.

Ter muita energia disponível não significa comer muito, pois, quanto mais eu como, mais meu organismo se esforça para fazer digestão e, portanto, mais gasta energia. Nosso corpo, em grande parte, é constituído de água, por isso prefira alimentos ricos em água e vitaminas.

Coma o suficiente para viver — esta é uma premissa dos homens e das mulheres mais bem-sucedidos do mundo. Uma coisa que eles têm em comum é um estilo de alimentação saudável; a grande maioria é adepta da prática do jejum intermitente. Existem diversas pesquisas que mostram os benefícios do jejum (basicamente, o jejum atua como reset do sistema).

Nosso intestino é considerado nosso segundo cérebro, pois é nele que se forma a maioria dos neurônios, hormônios e neurotransmissores; a maior parte da serotonina, o neurotransmissor regulador do humor, é produzida no intestino. Assim, o intestino é responsável por boa parte dos resultados de nossa vida. Uma pessoa que não tem boa função intestinal tem baixa produção de serotonina e alta produção de cortisol, o hormônio do estresse, essencial a nosso organismo, mas que em excesso causa ansiedade, estresse, insônia, obesidade e pode até levar à depressão.

Pessoas com depressão têm altas taxas de cortisol no organismo e baixa produção de serotonina, e é o nosso intestino o responsável pela maior parte desses hormônios. Quanto mais cheio está nosso estômago, mais energia gastamos na digestão, e a qualidade dos alimentos que ingerimos define a nossa saúde intestinal. Há cerca de 2kg de micro-organismos vivos no intestino — existem as bactérias boas, que ajudam na produção de serotonina, dopamina e todos os hormônios do bem-estar, e existem suplementos e alimentos que aumentam a produção de bactérias boas. Normalmente, uma vez a cada dois meses, eu consumo suplementos probióticos e prebióticos.

Estudos recentes demonstram a influência de determinados micro-organismos intestinais em nosso comportamento. É ideal consultar um bom profissional da área de nutrição, um bom nutricionista ou nutrólogo, para lhe indicar uma dieta adequada a fim de que você tenha mais energia e disposição.

A energia é o combustível da excelência. De nada adianta ter uma Ferrari e abastecê-la com refrigerante; ela não funcionará nem produzirá os resultados esperados. O mesmo acontece com nosso organismo. Se nossa corrente sanguínea estiver poluída, acabaremos sem energia e desanimados e entraremos em uma roda de hamster eterna, gerando resultados cada vez mais desastrosos; isso, muito provavelmente, proporcionará um ambiente ideal para doenças.

Quando descobri que os homens e as mulheres mais bem-sucedidos do mundo eram muito cuidadosos com a alimentação, comecei a estudar muitos livros sobre metabologia, nutrição, mas encontrei um grande problema: esses livros e teorias muitas vezes se contradiziam e me deixavam confuso. Então, resolvi encontrar um ótimo profissional da área e testar os alimentos que ajudavam a melhorar meu metabolismo, bem como me davam mais energia.

Como é a minha alimentação? Evito alimentos com lactose e glúten, pois estes podem levar o intestino a um processo inflamatório, o qual impedirá seu bom funcionamento, interferindo na absorção de nutrientes na quantidade ideal, levando ao armazenamento de gordura, bem como diminuindo a produção dos hormônios do bem-estar. Minha primeira refeição pela manhã é um copo de água com pH elevado, para ajudar na alcalinização do organismo; às vezes, água com limão. Evito alimentos com corantes e conservantes; procuro comer apenas o suficiente; dou preferência a alimentos termogênicos, para acelerar o metabolismo na queima de gordura, como, por exemplo, café com canela pela manhã e gengibre nas saladas; e bebo muita água durante o dia.

Não estou dizendo-lhe para seguir minha alimentação, até porque não sou um profissional da área de nutrição. Essa alimentação é apenas uma amostra do que está dando certo para mim até agora. Sugiro que procure um profissional nutricionista para montar sua dieta.

Ritual diário

Gaste menos energia com coisas pouco importantes. Nosso cérebro consome em torno de 20% de toda nossa energia diária, e, quanto mais o usamos, mais energia ele consome. Muitas vezes, gastamos energia com coisas pouco importante, e, quando precisamos de energia para tomadas de decisões assertivas, ela já se foi.

Um dos padrões que observei nas pessoas de sucesso foi utilizar sempre o mesmo modelo e cor de roupas. Fiquei me perguntando o porquê e me dei conta de que era óbvio: não gastar energia escolhendo qual roupa usar ou fazendo combinações. Observe imagens de Steve Jobs, Mark Zukerberg, Bill Gates: na maioria das vezes estão sempre com os mesmos modelos e cores de roupas. Desde então, a maioria das roupas que compro são iguais, da mesma cor, para não gastar minha energia escolhendo que roupa usar. É claro que existem exceções, e certas ocasiões especiais exigem uma vestimenta mais apropriada.

Outro ritual para economizar energia é preparar o dia seguinte antes de ir dormir, por exemplo: já deixar separados a roupa e os calçados que usarei, para não precisar começar o dia gastando energia com coisas pequenas. Procuro não ficar tendo ideias ou pensando em coisas quando vou dormir; caso venha alguma ideia na cabeça, anoto e deixo para pensar nela no outro dia.

Separe pelo menos 20 minutos da sua manhã para a prática de um ritual de alta performance. Se acha que não terá tempo, acorde mais cedo e experimente. Assuma esse compromisso com você e comece amanhã mesmo. Publique nas redes sociais e marque a #metodotes para nos encontrarmos — já somos milhares de pessoas online em busca de uma vida extraordinária.

Na página a seguir, faça uma lista dos rituais poderosos que implantará em cada área da sua vida na jornada para alcançar seus objetivos.

Nosso resultado vem dos nossos rituais diários. Os rituais que praticou hoje o aproximaram ou o afastaram da vida que você deseja?

Atividade 5

Lista de rituais que implementarei a partir de amanhã:

1. _____
2. _____
3. _____
4. _____
5. _____
6. _____
7. _____
8. _____
9. _____
10. _____

A COLHEITA VEM SOMENTE APÓS O PLANTIO

11. _____
12. _____
13. _____
14. _____
15. _____
16. _____
17. _____
18. _____
19. _____
20. _____

6

ALAVANCAGEM

Valorizar as pessoas é mais simples do que parece, porém é comum que deixemos esses pequenos gestos de lado na correria do dia a dia. Mas é preciso entender que, na vida, mais que o tempo vivido, o que importa é a intensidade.

Não espere ter saudades para demonstrar seu afeto, sua gratidão e seu amor. Às vezes, tudo que você precisa é oferecer seu abraço, dizer obrigado. Mas não adianta se arrepender do que passou, do que podia ter feito e deixou passar. O importante é mudar sua atitude.

Ninguém erra porque quer. É importante entender que cada um age de acordo com seu conhecimento. Por isso não se culpe e não culpe a quem lhe fez mal. Mas esforce-se para evoluir, adquirir conhecimento e corrigir seu comportamento. Aprenda com os erros, tanto com os seus quanto com os dos outros.

> "Quando me perguntaram o que realmente mudou **minha vida** há alguns anos, eu digo que a coisa mais importante foi mudar o que eu exigia de mim mesmo."
>
> — Anthony Robbins

Vimos que nosso cérebro opera baseado em duas diretrizes: dor e prazer. Ele faz tudo para nos afastar da dor e tudo para nos aproximar do prazer. Partindo dessa premissa, podemos utilizar esse mecanismo a nosso favor, recrutando todo o poder dessa maravilhosa máquina para nos ajudar a alcançar nossos objetivos. Este é o princípio da alavancagem, uma técnica que consiste em associar dor e prazer às nossas metas.

A associação de um sofrimento a uma ação aciona um mecanismo de defesa que inconscientemente ordena ao meu cérebro que faça todo o esforço possível para evitar o sofrimento.

A procrastinação, que nos prende em uma eterna roda de hamster, como mencionado no Capítulo 5, surge da associação de uma dor demasiada à determinada atividade, como ir à academia, por exemplo. A associação de um sofrimento a uma ação aciona um mecanismo de defesa que inconscientemente ordena ao meu cérebro que faça todo o esforço possível para evitar o sofrimento — neste caso, me manter inerte, largado no sofá comendo pipoca ou dormindo até mais tarde, atividade que proporciona bem-estar e prazer.

Mas o que fazer para reprogramar nosso cérebro para fazer associações mais benéficas para nossa vida? Quem responde a essa pergunta é Tony Robbins, um dos "gurus" do desenvolvimento pessoal. Segundo ele, existem duas forças que nos motivam a agir: o desejo de evitar a dor ou o desejo de obter prazer. Esse princípio cria um padrão ioiô em algumas pessoas, que acabam presas em um ciclo vicioso entre agir para criar a mudança e a inércia.

Robbins argumenta que a mudança nunca é uma questão de capacidade, e sim de motivação. A mudança não pode ser uma possibilidade; ela precisa ser uma necessidade, e isso requer associar uma dor intensa à não implementação da mudança agora e um prazer imenso a mudar imediatamente. A motivação, ainda segundo Robbins, é baseada em prazer e dor, e embora a dor seja a motivação em curto prazo, é o prazer que gera a motivação em longo prazo. Assim, a dor chama atenção para a necessidade da mudança, mas é o prazer que a faz perdurar.

A alavancagem consiste em identificar seus principais motivadores e empregá-los para **fortalecer e expandir** os recursos disponíveis para criar novos recursos e, assim, conquistar melhores resultados.

Esse mecanismo se traduz no conceito de alavancagem, muito usado no mundo financeiro e dos negócios, e que também pode ser empregado em todos os outros aspectos da vida. A alavancagem consiste em identificar seus principais motivadores e empregá-los para fortalecer e expandir os recursos disponíveis, a fim de criar novos recursos e, assim, conquistar melhores resultados. Segundo Robbins, a alavancagem libera um poder gigantesco de nos mover em direção aos nossos objetivos, utilizando um poderoso recurso já existente, o mecanismo de defesa de nosso cérebro, a nosso favor.

Em outras palavras, partindo da premissa de que o cérebro fará todo o possível para evitar a dor, precisamos associar uma dor intensa ao não cumprimento de determinada meta. Digamos que uma de suas metas seja ir à academia todos os dias de manhã e se exercitar pelo menos uma hora. Assim, estabeleça uma regra, por exemplo: toda vez que eu faltar à academia, não tomarei café o dia todo. É importante que a dor envolva uma atividade que gere prazer, de modo que a sua falta cause uma dor. De nada adianta estabelecer uma meta de ficar sem café se você não for muito fã de café. Outro exemplo: se sua meta diária é não gastar dinheiro com coisas supérfluas, associe o descumprimento dessa meta à obrigação de doar uma peça de roupa ou calçado de que mais gosta.

Por mais absurdo que isso possa lhe parecer, acredite, é exatamente assim que nosso cérebro condiciona um comportamento — trata-se do sistema de recompensas, de que falamos no Capítulo 2. Toda vez que associo uma dor a um determinado comportamento, o cérebro passa a trabalhar para evitá-lo.

Agora é hora de pensar no prazer. Como podemos utilizar essa força a nosso favor? O mecanismo é o mesmo, basta associar um prazer ao cumprimento de determinada meta, ou seja, uma recompensa. Digamos que sua meta seja emagrecer 15kg até uma determinada data; quando atingir esse objetivo, se dê um presente, estipule uma recompensa para o cumprimento da meta, como uma viagem a um lugar paradisíaco que sempre quis conhecer ou um final de semana em um lugar agradável. Da mesma forma, é importante que a recompensa seja algo que lhe causará muito prazer.

Talvez você esteja imaginando: "Mas e se eu me sabotar e, além de não cumprir a meta, não me submeter à dor associada a ela?" Bem, aqui está a chave da questão: o segredo é nomear o que eu chamo de guardião. Escolha uma pessoa sincera e confiável para ser o guardião, alguém que ficará responsável por supervisionar o cumprimento da meta e da imposição da dor. Conte a ele sua meta e a dor associada e lhe dê o poder de cobrá-los de você.

Atividade 6

O exercício a seguir o ajuda a estipular metas, dores e a nomear o respectivo guardião.

Estipule Suas Metas e Guardião

Guardião: _____

Meta 01: _____

Alavanca de dor: _____

Meta 02: _____

Alavanca de dor: _____

Meta 03: _____

Alavanca de dor: _____

Meta 04: _____

Alavanca de dor: _____

Meta 05: _____

Alavanca de dor: _____

Depois de listar suas metas, é hora de deixá-las bem à vista, para que seu cérebro visualize o caminho a seguir. Sugiro que transcreva o que escreveu aqui para uma folha, ou, melhor ainda, escreva em notas adesivas e cole-as em uma parede na sua casa, onde consiga vê-la todos os dias. Cole no topo a nota com seu objetivo e, abaixo, as que descrevem suas metas, o passo a passo de como chegar lá.

Dessa maneira, ficará mais nítido para seu cérebro qual caminho seguir. Cada vez que cumprir uma meta, lembre-se de remover a nota adesiva ou riscar o item da lista. Isso gera uma sensação de prazer e fará com que fique mais motivado para se dedicar ao máximo para finalizar a próxima meta.

Lembre-se de postar nas redes sociais o seu quadro de metas e marcar a hashtag **#metodotes** para que possamos ajudá-lo a cumprir suas metas e seus objetivos.

7

ENERGIA: O PODER
DA ATRAÇÃO

Muitos vivem dentro de uma caixa com regras impostas. Uma caixa quadrada e limitada, onde as pessoas vivem alienadas. Esta caixa se chama padrão.

Nela, as pessoas vivem aprisionadas e sofrem quando não se encaixam. Mas quem foi que disse que você tem que seguir essas regras? Mas quem foi que disse que você tem que provar algo a alguém?

O passaporte para uma vida plena envolve se despir da necessidade de se provar para os outros. Envolve se arriscar e buscar fazer o novo. Deixe que o chamem de louco. Ouse ir além, ouse sair da caixa. Viva seus objetivos, não se preocupe em se encaixar no padrão. É hora de parar de apenas imaginar, é hora de escolher fazer o que faz seu coração VIBRAR.

> "A vida não está acontecendo para você, ela está **respondendo** a você."
>
> Rhonda Byrne, autora de *O Segredo*

Nosso universo é regido por algumas leis; algumas delas, entendemos como funcionam; outras, simplesmente vivenciamos. Conhecemos e entendemos a lei da gravidade, mas poucos entendem a lei da atração. Aos poucos, o segredo está sendo revelado, e quem consegue entendê-lo e colocá-lo em prática consegue aproveitar o melhor que a vida tem a nos oferecer.

Tudo que vemos como matéria é energia. Quando digo matéria, me refiro a tudo que podemos tocar, desde a cadeira ou o sofá em que está sentado até o seu corpo, tudo é energia. Toda matéria é constituída por moléculas, e a vibração dessas moléculas é que determina a espécie da matéria.

Somos capazes de atrair para nossa vida tudo que desejamos, ou seja, conseguimos recriar nossa realidade de acordo com nossos pensamentos. Esta é a lei da atração.

Nosso cérebro emite frequências vibracionais que funcionam mais ou menos como um imã que atrai coisas que emitem uma frequência igual ou maior. Partindo desse princípio, somos capazes de atrair para nossa vida tudo que desejamos, ou seja, conseguimos recriar nossa realidade de acordo com nossos pensamentos. Essa é a lei da atração.

Deus colocou dentro de nós a mais poderosa máquina já criada e, assim, fez de nós cocriadores de nossa realidade. Tudo que está à sua volta é fruto de seus pensamentos, seja de maneira consciente ou inconsciente, seja boa ou seja má, sua realidade é criada por você, por meio da lei da atração.

Rhonda Byrne, autora do best-seller *O Segredo*, o livro mais popular sobre a lei da atração, explica que: "A lei da atração é a lei da natureza. É impessoal e não distingue as coisas boas das más. Recebe seus pensamentos e os reflete de volta a você como sua experiência de vida. A lei da atração simplesmente lhe dá seja lá o que for que esteja em seu pensamento."

Um dos grandes adeptos e defensores da lei da atração é Bob Proctor, professor, empresário e renomado palestrante motivacional que conquistou grande notoriedade depois de sua participação no documentário *O Segredo*. Segundo ele: "A lei da atração é uma das 12 Leis Universais que diz que atraímos tudo o que existe em nossa realidade, através de nossos pensamentos, sentimentos e atitudes, e que tudo o que emanamos ao universo retorna para nossas vidas."

O poder do pensamento positivo já foi demonstrado pela ciência em diversos estudos, não apenas para atrair o que desejamos, mas também para o desenvolvimento de novas habilidades. Barbara Fredrickson, pesquisadora de psicologia positiva na Universidade da Carolina do Norte, testou o impacto das emoções positivas no cérebro.

Em um experimento, Barbara dividiu os participantes em cinco grupos e mostrou a cada grupo diferentes clipes de filmes, que despertavam sentimentos positivos, neutros ou negativos. Os pesquisadores, então, pediram aos participantes que se imaginassem em uma situação que despertasse sentimentos semelhantes aos que tinham experimentado e, depois, escrevessem ideias do que gostariam de fazer. Cada participante recebeu um pedaço de papel com a frase "Eu gostaria de...".

Os participantes expostos a imagens negativas foram os que menos conseguiram completar a frase. Já os que viram imagens positivas escreveram muitas respostas, mais do que aqueles que experimentaram emoções neutras. De acordo com Fredrickson, os resultados sugerem que as emoções positivas despertam a exploração, a curiosidade e o aprendizado experimental, além de produzir mapas mentais mais corretos do mundo. Enquanto as emoções negativas, ao contrário, interferem na curiosidade e no aprendizado, e nos impedem, de certo modo, de experienciar o mundo.

Agora que já sabemos que nossos pensamentos emitem ondas vibracionais e que atraem coisas na mesma frequência, afinal, o que determina seus pensamentos? Duas coisas: seu foco e suas crenças.

Tudo que você acredita ser verdade, sobre si mesmo ou sobre o mundo, mais cedo ou mais tarde se materializará em sua vida.

Como vimos no Capítulo 2, nosso sistema de crenças são as lentes através das quais percebemos o mundo à nossa volta. Ele é responsável pelo modo como encaramos a vida e atribuímos significado a nossas experiências. Tudo que você acredita ser verdade, sobre si mesmo ou sobre o mundo, mais cedo ou mais tarde se materializará em sua vida. Por outro lado, o foco reflete nossos objetivos, o que desejamos conquistar. Assim, ao focarmos o lado negativo, caminhamos, ainda que de maneira inconsciente, para o fracasso.

Todos nós temos a tendência a acreditar muito mais em coisas negativas do que em positivas. Isso faz parte do ser humano. Mas, quando mudamos nosso foco e nossas crenças, redirecionamos nossos pensamentos e, por consequência, recriamos nossa realidade.

Uma pessoa que economiza dizendo que guarda dinheiro para os dias difíceis está direcionando seu foco e esforços para momentos de dificuldade, e guarda em si uma crença de que, mais cedo ou mais tarde, enfrentará problemas. Advinha o que acontece? Esse dia logo chega.

Nosso cérebro é uma torre de transmissão humana, recebendo e transmitindo uma frequência com os seus pensamentos. A todo instante, existem bilhões de pessoas com centenas de bilhões de pensamos emitindo suas ondas no universo. Essas ondas ficam pairando no ar e são atraídas para pessoas que vibram na mesma frequência. Muitas pessoas chamam isso de intuição, um sentimento inexplicável de saber ou perceber o que outro está pensando ou sentindo.

Funciona mais ou menos assim: se você está focado em coisas negativas, nutre pensamentos negativos e emite essa frequência para o universo, atraindo, assim, pensamentos ainda mais negativos ao seu redor.

ENERGIA: O PODER DA ATRAÇÃO

Uma pessoa que alimenta constantemente pensamentos de vingança e ódio atrai para si pensamentos ainda mais intensos de vingança e ódio. Focar o lado negativo e alimentar pensamentos tristes pode atrair para si pensamentos depressivos ou até mesmo suicidas, algo que talvez nunca tenha passado por sua cabeça. Ao mesmo tempo, sentimentos de gratidão e pensamentos positivos atrairão amor e paz, vibrações de frequências positivas. Se quiser mudar qualquer coisa em sua vida, mude a frequência mudando seus pensamentos.

Tudo aquilo a que somos expostos regularmente cria imagens mentais que ficam gravadas em nossa mente e podem, de forma inconsciente, influenciar nossos pensamentos e emoções. Assim, nossa frequência vibracional é determinada pelo que vemos, ouvimos e sentimos. E a vibração emitida para o universo retorna para nós, ampliada.

Já percebeu que, no dia em que você não acorda bem, coisas ruins acontecem? É a lei da atração em ação. Nossa atitude mental atrai frequências vibracionais semelhantes. Sempre que se sentir mal ou experimentar uma emoção negativa, pare por um momento e se concentre para alterar sua frequência. Mude seus pensamentos e mentalize algo bom.

Em longo prazo, para se sintonizar com as frequências vibracionais do universo, o primeiro passo é começar a filtrar tudo que vê e ouve. Preste atenção no tipo de programas aos quais assiste na TV ou na internet, nas notícias que lê, nas músicas que ouve e no tipo de pessoas com quem convive pessoalmente ou nas mídias sociais.

Os ambientes que você frequenta, o conteúdo que lê, as pessoas com as quais convive, ainda que virtualmente — tudo a que você se expõe é determinante para os resultados em sua vida. Preste atenção no que tem atraído para sua vida e comece a eliminar pela raiz tudo que lhe traga coisas negativas.

O segundo passo é compreender o poder da repetição. Para gerar novas crenças, o cérebro precisa de repetição ou impacto emocional. Se deseja transformar sua frequência vibracional, comece eliminando as crenças limitantes e passe a gerar crenças fortalecedoras.

Para criar crenças fortalecedoras na área financeira, por exemplo, comece a conviver com pessoas financeiramente bem-sucedidas, nutra esses relacionamentos e faça parte de suas vidas, busque conteúdos sobre finanças, leia diariamente artigos e livros financeiros, assista a videoaulas e faça cursos que ajudem a desenvolver sua prosperidade financeira. Essa repetição cria sinapses, crenças e foco, que moldam nossos pensamentos para emitir uma frequência vibracional capaz de atrair aquilo que desejamos.

Atividade 7

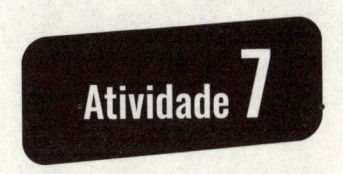

Comece identificando situações, pessoas e/ou hábitos que podem estar gerando imagens mentais que alimentam pensamentos e emoções negativas e, portanto, atraem resultados indesejados em sua vida. Depois de cada item, anote algumas contramedidas para gerar a frequência vibracional oposta.

Situação, pessoa ou hábito que gera emoções ou pensamentos negativos.	Atitudes que devo tomar para melhorar a frequência vibracional nesta área.

8

O PODER DAS PALAVRAS: MATERIALIZE SEUS **SONHOS**

Hoje é um dia a mais ou um dia a menos em sua vida? Como você está contando? Bom, isso depende de que tipo de vida está experimentando. Lembre-se de que não importa como você os conta, a única certeza é que os dias vão passando.

No entanto, muitas pessoas estão na esteira da vida se deixando levar, passando pela vida como se estivessem na plateia.

Talvez um dia você se dê conta de que a vida passou e tudo que fez foi sonhar e sonhar. Mas lembre-se de que nunca é tarde para mudar sua atitude. Esqueça o passado e enterre os arrependimentos, arregace as mangas e mão à obra. Sempre é tempo de fazer algo novo, fazer diferente, realizar o que só estava em sua mente.

> **O que você fala cria sua realidade. Palavras têm poder. Fale sempre criando felicidade.**

Deepak Chopra

Como falamos nos capítulos anteriores, os pilares da transformação de resultados envolvem a construção de um sistema de crenças e de atribuição de significados, além da busca por uma frequência vibracional positiva, alimentada por pensamentos positivos. Um importante aliado no exercício diário de cultivar pensamentos positivos é fazer afirmações. As palavras têm poder de criação inimaginável.

O que realmente move montanhas, o que faz as coisas acontecerem, são as afirmações, palavras e ações.

Você já deve ter ouvido a máxima "A fé move montanhas", mas o segredo por trás dessa afirmação é uma interpretação correta. A fé move montanhas do mesmo modo que a gasolina move um carro. Ela é apenas o combustível para trazer à existência o que ainda não existe. O que realmente move montanhas, o que faz as coisas acontecerem, são as afirmações, palavras e ações. Elas são o motorista capaz de conduzir o carro até seu destino. Este é o segredo do SEGREDO.

Na Bíblia está escrito: "...se DISSER a este monte: Ergue-te e lança-te no mar, e não duvidar em seu coração, mas crer que se fará aquilo que diz, tudo o que DISSER lhe será feito" (Marcos 11:23). Perceba a palavra DISSER: "tudo que DISSER lhe será feito" — são suas afirmações que criam a sua realidade! Suas palavras têm um poder gigantesco de criar a realidade; elas também emitem frequências vibracionais, que voltam para você ainda mais ampliadas. Muitas pessoas falam que querem alcançar algo, oram pedindo aquilo, mas muitas vezes não conseguem o que queriam, simplesmente porque ainda não entenderam que já têm o que desejam: para tornar seus sonhos realidade, é preciso agradecer em vez de pedir, agradecer como se realmente já fossem realidade, pois será apenas uma questão de tempo até alcançar o que deseja.

Se você está passando por algum problema de saúde, em vez de ficar resmungando, lamentando ou pedindo, comece a criar, por meio de suas palavras e afirmações, a saúde que deseja. Visualize como gostaria que fosse sua saúde, deixe isso bem claro em sua mente, emane essa frequência para o universo e receberá de volta a mesma frequência. Lembre-se de que você é o cocriador da sua realidade.

Preste atenção neste versículo bíblico: "Portanto, vos afirmo: Tudo quanto em oração pedirdes, tenhais fé que já o recebestes, e assim vos sucederá." (Mateus 21:22) Acredite que tudo aquilo que você deseja já é seu — é só uma questão de tempo. Basta que você tome posse do que já é seu por direito. As afirmações são um vislumbre do futuro.

Por isso, é fundamental mudar sua visão de mundo, seu sistema de atribuição de significados, de modo que se concentre no lado positivo de suas experiências. Se, diante de uma dificuldade, você passa a lamentar e reclamar, seu foco permanecerá preso ao problema. Lembre-se da célebre frase de Henry Ford: "Se você pensar que pode ou não pode, de qualquer forma, você estará certo."

Direcione seus esforços, suas energias e suas ações para o lado positivo, para seus objetivos e para a vida que deseja. As dificuldades surgirão, como já discutimos; elas fazem parte do processo de preparação, mas sua atitude diante de um problema é o que determinará seus resultados de vida.

Em meus treinamentos, gosto de contar uma história que ilustra bem essa situação. Algum tempo atrás, um rapaz saiu de viagem em um navio. Durante a viagem, não comia nada, passava fome, pois havia investido todo dinheiro que tinha para comprar a passagem que o levaria a um recomeço de vida em um novo país. Sem dinheiro para comprar o que comer e não aguentando mais de fome, foi até um dos comissários que estava na lanchonete do navio e, quase chorando, implorou por um pouco de comida.

O comissário o olhou com espanto e ficou em silêncio por um instante. Em seguida, pediu para ver o bilhete de viagem e o rapaz começou a se preocupar que algo estivesse errado. Então, o comissário o encarou novamente e disse: "Meu amigo, aqui no seu bilhete diz que está tudo incluído, você não precisa implorar por nada, tudo que você deseja aqui dentro já é seu. Venha, pode pegar o que quiser para comer."

A gratidão cria realidade.

O mesmo acontece conosco! Tudo que desejamos já está à nossa disposição. Estamos aqui para ter uma vida em abundância, precisamos apenas tomar posse; mas a maioria das pessoas passa uma vida toda se contentando ou até mesmo implorando por migalhas. Tudo que você deseja já é seu, basta afirmar e agradecer, pois é só uma questão de tempo para alcançar. A gratidão cria realidade.

Uma ótima maneira de criar a realidade é materializá-la. Por exemplo, digamos que seu objetivo é ter um carro zero quilômetro, de última geração. Além de afirmar que ele já é seu e agradecer por isso, uma boa prática para começar a materializar essa realidade é manter fotos do carro em seu celular, no computador e até ir à concessionária e fazer um test drive. Assim, você começa a materializar seus objetivos. Faça o mesmo com a casa dos seus sonhos ou qualquer outro objetivo.

Comece a criar o hábito de materializar a sua realidade. Descreva suas estratégias para dar o primeiro passo para alcançar seus objetivos.

Atividade 8

Materializando Sonhos

1. Descreva seu sonho o mais detalhadamente que conseguir. Quanto mais detalhes conseguir acrescentar, mais eficaz se torna a técnica.

_____
_____
_____
_____
_____
_____

2. Faça três afirmações de gratidão diárias de que já conquistou esse sonho.

_____
_____
_____
_____
_____
_____
_____
_____

3. Defina a estratégia que utilizará para materializar seu objetivo. **Ex:** Quadro com imagem, foto no computador, visitar a casa dos sonhos, testar o carro que deseja etc.

9

A MENTE MESTRA

Quem vence os outros é forte; quem vence a si mesmo é inabalável. Independentemente de sua batalha, saiba que ela não é externa. Para vencê-la, o primeiro passo é vencer a batalha interna.

O forte de verdade não é quem não tem medo, e sim aquele que sobe continuamente os degraus e domina seus medos um a um. Fuja da armadilha do medo, não se isole em uma armadura. Enfrente os desafios do dia a dia. Haverá dias tristes, mas não se abale; basta entender que eles são apenas mais um degrau.

Muitos acontecimentos em sua vida estão fora do seu controle, mas a sua atitude diante deles significará a diferença entre o sucesso e o fracasso. Não somos máquinas, e a tristeza e o desânimo são normais, mas isso não significa se deixar abater e desistir.

Começa a perder a batalha quem cai no golpe sorrateiro de sentir medo de tudo e deixa a tristeza dominar. Pare de olhar para trás com amargura, coloque um sorriso no rosto, olhe para a frente e parta para a ação. Tome a decisão consciente de ignorar a escuridão e buscar a luz. Foque o horizonte, tire os olhos do retrovisor.

. . . .

> **Aves da mesma plumagem voam juntas.**
>
> Jim Rohn

Aprendemos anteriormente que nossos pensamentos emitem vibrações. Sendo assim, nosso cérebro é tanto emissor quanto receptor de vibrações. Uma mente com pensamentos pequenos ou negativos emite uma baixa frequência com carga negativa para o universo, que retornará na mesma frequência ou mais ampliada.

A maioria das pessoas vive nas frequências vibracionais médias; elas são o resultado da média das pessoas com quem mais convivem. Mas viver na média é ser medíocre, e isso não é uma ofensa — significa ser mediano. E ser mediano significa ter resultados médios.

Uma mentalidade rica gera um ciclo virtuoso, em que as pessoas se tornam cada vez mais ricas.

O mesmo acontece com as pessoas positivas e negativas. Uma mentalidade pobre atrairá outras mentalidades pobres, e o resultado é um ciclo vicioso que o tornará cada vez mais pobre. Da mesma forma, uma mentalidade rica gera um ciclo virtuoso, em que as pessoas se tornam cada vez mais ricas. Esse princípio é chamado de mente mestra, uma consciência ampliada decorrente de duas ou mais mentes vibrando na mesma frequência.

Veja um exemplo. Digamos que você emita pensamentos positivos, de alegria, prosperidade, riqueza, saúde. Essa mesma energia voltará para você na mesma frequência, e você começará a se deparar com pessoas que emitem frequência igual ou similar à sua. Quando duas ou mais mentes na mesma frequência se juntam, surge a mente mestra. Digamos que vocês comecem a conversar sobre a ideia de um novo negócio, porém a ideia ainda não está completamente clara para você ou para seu amigo; mas, de repente, vocês têm um insight e, juntos, têm uma superideia, uma perspectiva que não existia individualmente. Essa ideia é fruto da mente mestra.

> "É impossível que duas mentes se unam sem que criem, consequentemente, uma terceira força invisível, intangível, comparável à terceira mente."
>
> **Napoleon Hill**

Napoleon Hill, autor do clássico *Pense e Enriqueça*, um dos maiores best-sellers do mercado editorial, define o princípio da mente mestra da seguinte forma: "Coordenação de conhecimento e esforço, em um espírito de harmonia, entre duas ou mais pessoas, para a realização de um propósito específico."

Para ele: "É impossível que duas mentes se unam sem que criem, consequentemente, uma terceira força invisível, intangível, comparável à terceira mente."

Por isso, um fator determinante para melhorar os resultados de sua vida é prestar atenção nas pessoas com quem convive. Elas desempenham um papel crucial e influenciam enormemente nossas vibrações, o que, por sua vez, tem grande influência sobre nossos resultados.

Jim Rohn, empreendedor e palestrante de sucesso, resume muito bem essa ideia quando diz: "Aves da mesma plumagem voam juntas." Você jamais verá uma galinha voando com uma águia, porque galinhas não desenvolveram as habilidades necessárias para voar tão alto; o que elas conseguem fazer é apenas cacarejar e ciscar, enquanto as águias voam muito alto e conseguem ter uma visão privilegiada do território. É importante que você entenda que jamais se tornará uma águia convivendo apenas com galinhas, com pessoas que se vitimizam e reclamam de tudo. Se quiser mudar os resultados na sua vida, comece a buscar pessoas que têm os resultados que você deseja ter.

> "Aves da mesma plumagem voam juntas."
> **Jim Rohn**

Procure mentores, pessoas que já chegaram aonde você deseja. Costumo dizer que melhor do que aprender com os nossos erros é aprender com os erros dos outros, pois, assim, economizamos um longo caminho. Conecte-se com pessoas que já estão tendo bons resultados, pesquise os lugares que essas pessoas frequentam, como clubes e academias, e tente fazer amizade com elas para que possa criar uma mente mestra, uma sintonia, e aprender com essas pessoas.

A única maneira de mudar a sua vida e a vida das pessoas que você mais ama é investindo seu tempo e seu dinheiro em você. Minha vida tem sido uma constante busca por mentores, por desenvolvimento. Praticamente todo mês estou em algum lugar do Brasil ou no exterior aprendendo com os melhores, investindo tempo e dinheiro no meu desenvolvimento pessoal. Só assim consegui mudar a minha vida e a vida das pessoas que mais amo, além de conseguir impactar milhares de vidas por meio do Método T.E.S.®, meu treinamento de imersão de três dias. Nele, dedico toda minha energia e conhecimento ensinando ferramentas poderosas para as pessoas transformarem suas vidas.

No Método T.E.S.®, criamos o que eu chamo de grupo de mente mestra. Esse grupo tem como objetivo fazer os alunos alcançarem resultados extraordinários em todas as áreas da vida. Muitos dos participantes do treinamento são empresários e investidores que têm boas ideias, mas não sabem como ganhar dinheiro com elas. No treinamento, são criados grupos que passam a se reunir mensalmente, de modo que um membro vai ajudando o outro. A experiência por si só já valeria o montante investido. Embora todo o aprendizado contido no treinamento seja de alto impacto, essa ferramenta proporciona novas parcerias de negócios e projetos. Por isso eu recomendo, caso tenha oportunidade, que venha participar conosco do Método T.E.S.®.

Na busca por seus mentores, é preciso aprender a identificar atitudes, características e habilidades das pessoas que admira, ou seja, os fatores cruciais responsáveis pelos resultados que elas colhem na vida. Como primeiro passo, liste algumas pessoas de sucesso na sua área de atuação e tente identificar características, atitudes e habilidades que você acredita que foram fundamentais para o sucesso. Em seguida, faça uma autoanálise, e tente identificar aquelas em que você se acha forte, médio ou fraco.

Atividade 9

Mentor/Área de Atuação: _____

Características/ Atitudes/ Habilidades	Forte	Médio	Fraco

Mentor/Área de Atuação: _____

Características/Atitudes/Habilidades	Forte	Médio	Fraco

10

O MEDO QUE
PARALISA

Quando tentamos fazer alguma coisa que não é exatamente o que amamos, corremos um grande risco de desistir. Quantos realmente conseguem, quantos não? Quantos realmente só sonham, mas nunca conseguirão conquistar o sucesso?

Por viver apenas sonhando em um dia realizar, as pessoas continuam fazendo o que não gostam, desistindo de seus sonhos por considerarem-nos impossíveis. Ensinados a desistir e a obedecer aos limites impostos pelos outros, abandonam os sonhos e se conformam.

Não reclame da falta de oportunidade — muitas vezes, ela está dentro de nós. Entenda que aqueles que tentam nos impor limitações costumam ser aqueles que tiveram sua imaginação limitada e seus sonhos ceifados.

> **Nossas dúvidas são traidoras e nos fazem perder o que, com frequência, poderíamos ganhar, por simples medo de arriscar.**
>
> William Shakespeare

O medo serve a dois propósitos principais: encher seu corpo de adrenalina para lutar contra uma ameaça e marcar essa experiência no seu cérebro para que você a evite no futuro. Nosso cérebro é programado para sentir medo — ele nada mais é do que um mecanismo de defesa.

No entanto, esse mecanismo pode ser hiperativado por gatilhos irracionais, ou seja, por situações que não representam ameaças reais. As emoções e os sentimentos gravados por eventos desagradáveis ou traumatizantes em sua vida podem criar gatilhos que disparam os alertas do sistema de defesa quando, na verdade, não há ameaças reais. Assim, o medo deixa de ser benéfico e passa a ser limitante.

Um dos medos limitantes mais comuns é o medo da crítica. Ele está enraizado no medo da exposição pública, da vergonha, de sermos diminuídos e renegados do grupo social a que pertencemos. Em certa medida, buscar a aprovação dos pares é um comportamento normal, afinal, somos seres sociais, e, dentro de nossos grupos sociais, a imagem que os outros membros têm de nós — e também a que temos de nós mesmos — é um dos fatores pelos quais obtemos respeito e status.

O problema é quando esse medo paralisa. Quando o medo de "desagradar", ou não se conformar aos padrões que achamos que esperam de nós, passa a guiar nossas ações e nos impede de agir e viver plenamente tudo que sonhamos.

O primeiro passo para se libertar desse medo é entender que sempre haverá quem o critique, não importa o que você faça. Na vida, posso dizer que temos ao menos duas certezas: uma é a morte, afinal, todo ser humano sabe que um dia passará por uma transição deste plano para outro (muitos chamam isso de morte; eu encaro apenas como uma passagem, pois apenas o corpo morre, e nossa energia continua eterna). A outra é a crítica.

Se você estiver acima do peso, as pessoas o criticarão por estar gordo; mas, caso comece uma dieta, elas o criticarão por ficar bitolado. Se está passando por dificuldades financeiras, elas o criticarão por ser tão irresponsável; se estiver tendo um grande sucesso financeiro, receberá críticas que o acusarão de ser ganancioso e só pensar em dinheiro. Ou seja, não importa o que você faça, sempre será alvo de críticas.

A segunda coisa que precisa entender é que a opinião dos outros é apenas a opinião dos outros. Preocupe-se com o seu sucesso. Muitas pessoas deixam de agir com medo de errar, com medo da crítica e da opinião dos outros, e começam a levar uma vida guiada pelo que os outros vão pensar, pelo que os outros valorizam. Assim, acabam presas a preceitos e dogmas falíveis de religiões que, ao invés de libertar, aprisionam.

Lembre-se de que você nasceu para ser livre e veio ao mundo para ser feliz, então não se preocupe demasiadamente com a opinião dos outros. Faça aquilo que faz o seu coração vibrar, coloque brilho na sua vida. Comprometa-se apenas com o seu sucesso, pois, no final das contas, é isso que realmente importa. Seja feliz no caminho, não fique esperando a felicidade. E só há uma maneira de ser feliz: não se preocupar demasiadamente com a opinião dos outros e aproveitar o instante sabendo que ele nunca mais voltará. Dedique-se de corpo e alma ao que o faz feliz.

A opinião dos outros é apenas a **opinião dos outros.** Preocupe-se com o seu sucesso.

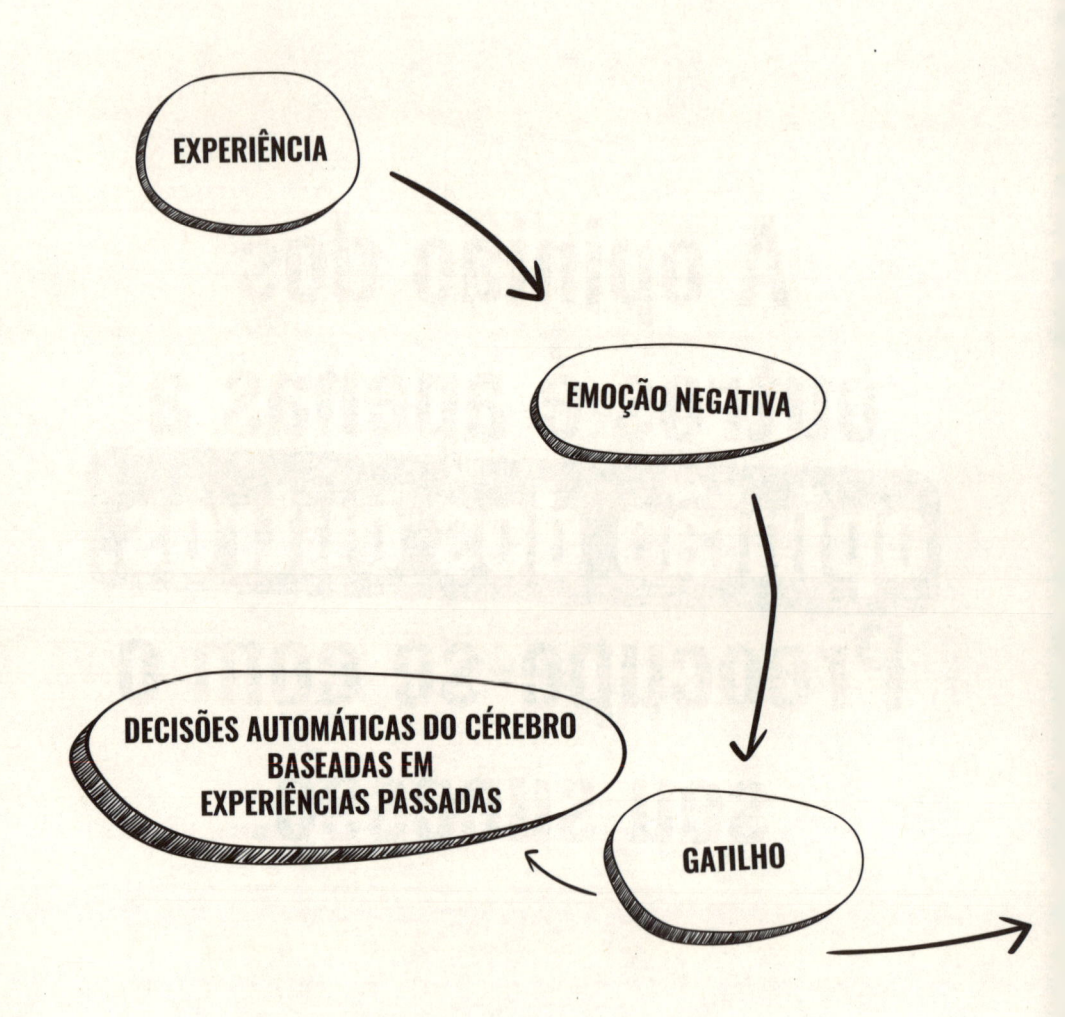

EXPERIÊNCIA → EMOÇÃO NEGATIVA → GATILHO → DECISÕES AUTOMÁTICAS DO CÉREBRO BASEADAS EM EXPERIÊNCIAS PASSADAS

O MEDO QUE PARALISA

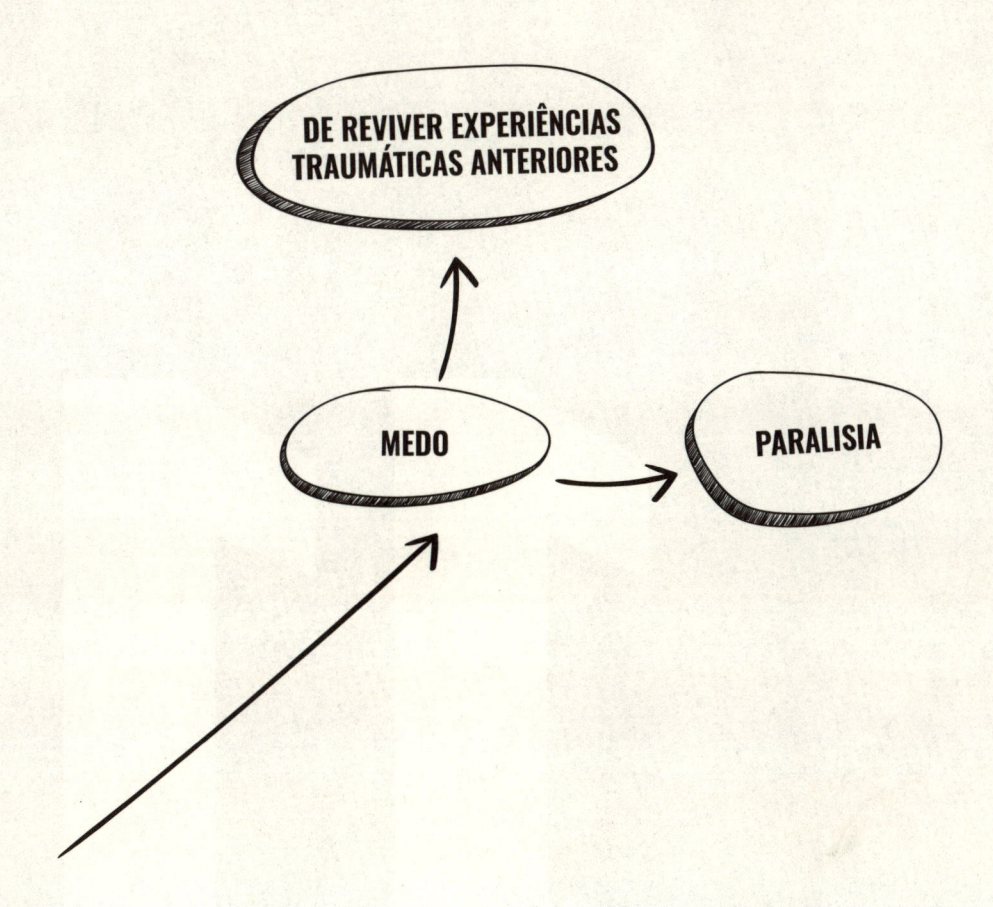

```
        ┌─────────────────────────┐
        │ DE REVIVER EXPERIÊNCIAS │
        │ TRAUMÁTICAS ANTERIORES  │
        └─────────────────────────┘
                    ↑
                    │
              ┌─────────┐         ┌───────────┐
              │  MEDO   │ ──────→ │ PARALISIA │
              └─────────┘         └───────────┘
                ↗
               /
              /
```

11

MAESTRIA

Conviver com mágoas e ressentimentos envenena nossa alma. Desfaça-se de todos os sentimentos negativos que por ventura nutra em relação a uma pessoa ou a um acontecimento em sua vida.

Perdoe enquanto é tempo, pois não sabemos quando será a última vez. Não importa se quem o magoou se arrependeu ou se desculpou. Preocupe-se com sua paz, não fique preso a um sentimento que nada de bom tem a proporcionar. Lembre-se da célebre lição de Shakespeare: "Guardar ressentimento é como tomar veneno e esperar que a outra pessoa morra."

Perdoar é admitir que, não importa o quanto uma pessoa seja boa, errar faz parte da natureza humana. Certamente, você também já feriu alguém. Perdoe o mal lhe fizeram, mas guarde a lição.

Negar a alguém o perdão é, na verdade, alimentar a sua mágoa, impedindo que sua alma se cure e evolua.

Por isso lhe proponho um desafio: deixe este livro de lado por um instante e envie uma mensagem para alguém que espera ser perdoado ou a quem precise pedir perdão.

> "Muitas palavras não indicam **necessariamente** muita sabedoria."
>
> — Tales de Mileto

Como chegar à maestria?

Para responder a essa pergunta, primeiramente, precisamos entender o cenário em que vivemos atualmente.

Hoje, é muito fácil ter acesso à informação. A internet está recheada de uma quantidade inimaginável de informação — basicamente tudo que você deseja aprender está disponível na internet. O primeiro obstáculo é que esse conteúdo está espalhado, e, mesmo que você quisesse, demoraria muito tempo para conseguir organizar todo o conteúdo de que precisa sobre determinado assunto de maneira coerente.

O segundo obstáculo é que, antes de começar a caminhar em direção à maestria, precisamos entender que informação é diferente de conhecimento. Uma pessoa pode ter acesso a muita informação pela internet, em livros, cursos online etc., mas essa informação só se torna conhecimento a partir do momento em que é colocada em prática; do contrário, não passará de caixas guardadas em um sótão acumulando poeira. E, na melhor das hipóteses, toda essa informação o transformará em uma enciclopédia ambulante.

Muitas pessoas têm muita informação, mas não conseguem fazer nada com o que aprenderam, ou seja, não transformam a informação em conhecimento.

O primeiro passo para maestria em qualquer área, para alcançar o ápice de sucesso em qualquer área, é saber equilibrar a informação com a prática, para que isso se torne conhecimento. Há pessoas que estudam muito e trabalham pouco, e isso raramente gera bons resultados. Outras trabalham muito e não estudam quase nada, o que resulta em ações ineficazes. O cenário ideal na jornada para o sucesso é unir as duas forças. Experimente aplicar a regra 8:1, ou seja, trabalhe oito horas por dia e estude ao menos por uma hora.

Outro segredo da maestria em qualquer área da vida é criar janelas de aprendizado de imersão. A imersão é a maneira mais rápida e eficaz de aprender algo. Se quiser aprender um novo idioma, a maneira mais eficaz é visitar um país onde ele é falado e ficar por dois, três meses imerso lá. Levaria dois ou três anos fazendo aulas semanais para aprender o que você aprenderia nesse período.

É preciso reservar um tempo em sua agenda, pode ser dias ou horas, para focar o seu desenvolvimento pessoal. Durante esse período, você não fará mais nada a não ser se concentrar em aprender novas habilidades, desenvolver e adquirir mais conhecimento.

As janelas de imersão são a melhor maneira de aprender, pois, de maneira rápida e eficaz, você consegue concentrar esforços e dar um grande salto para o nível seguinte. Eu amo treinamentos de imersão, pois são intensos e eficazes. O Método T.E.S.® é um desses treinamentos que o levam para o próximo nível na vida pessoal e profissional.

Nele, ficamos imersos durante três dias trabalhando todas as áreas da vida de maneira consistente e eficaz. Eu ensino ferramentas poderosas para meus alunos atingirem uma vida extraordinária em todas as áreas. Pessoas que estavam em crise financeira conseguem prosperar financeiramente em pouco tempo; pessoas que estavam em depressão conseguem encontrar forças para se libertar dessa terrível doença ainda dentro do treinamento.

Se eu fosse descrever todos os resultados que o Método T.E.S.® traz na vida das pessoas, precisaria de todas as páginas deste livro. Mas por que gera tanto resultado? Simplesmente pelo fato de se basear em ferramentas científicas poderosas aplicadas de maneira simples, que qualquer pessoa consegue utilizar e ter resultados rápidos, seja na vida financeira, pessoal ou profissional. E, ainda, por ser um treinamento de imersão de alto impacto, que traz resultados rápidos e permanentes.

Outro fator determinante para alcançar a maestria é alimentar e treinar bem a sua mente — mente sã, corpo são. Que tipo de alimento você vem oferecendo à sua mente? Quando digo isso, quero dizer que tipo de conteúdo você tem consumido? Quantos livros está disposto a ler este mês?

Agora a pergunta é: como você tem treinado a sua mente? Nossa mente é como o resto do corpo, se queremos ter um corpo sarado e saudável, precisamos alimentá-lo da maneira correta e fazer treinamento físico com um profissional.

Invista em treinamentos de imersão, treine sua mente, busque mentores para o ajudar nesse processo — pessoas que já chegaram aonde você deseja chegar. Se tiver oportunidade, inscreva-se para o próximo Método T.E.S.®, e passaremos três dias juntos focados em seu desenvolvimento. Eu faço uma promessa para todos os meus alunos: se chegar no último dia do treinamento e nada tiver mudado em sua vida, nós lhe devolvemos todo dinheiro que você pagou. Pesquise na internet quando será o próximo Método T.E.S.®, entre em contato pelas redes sociais. Quero vê-lo lá, rumo a uma vida extraordinária.

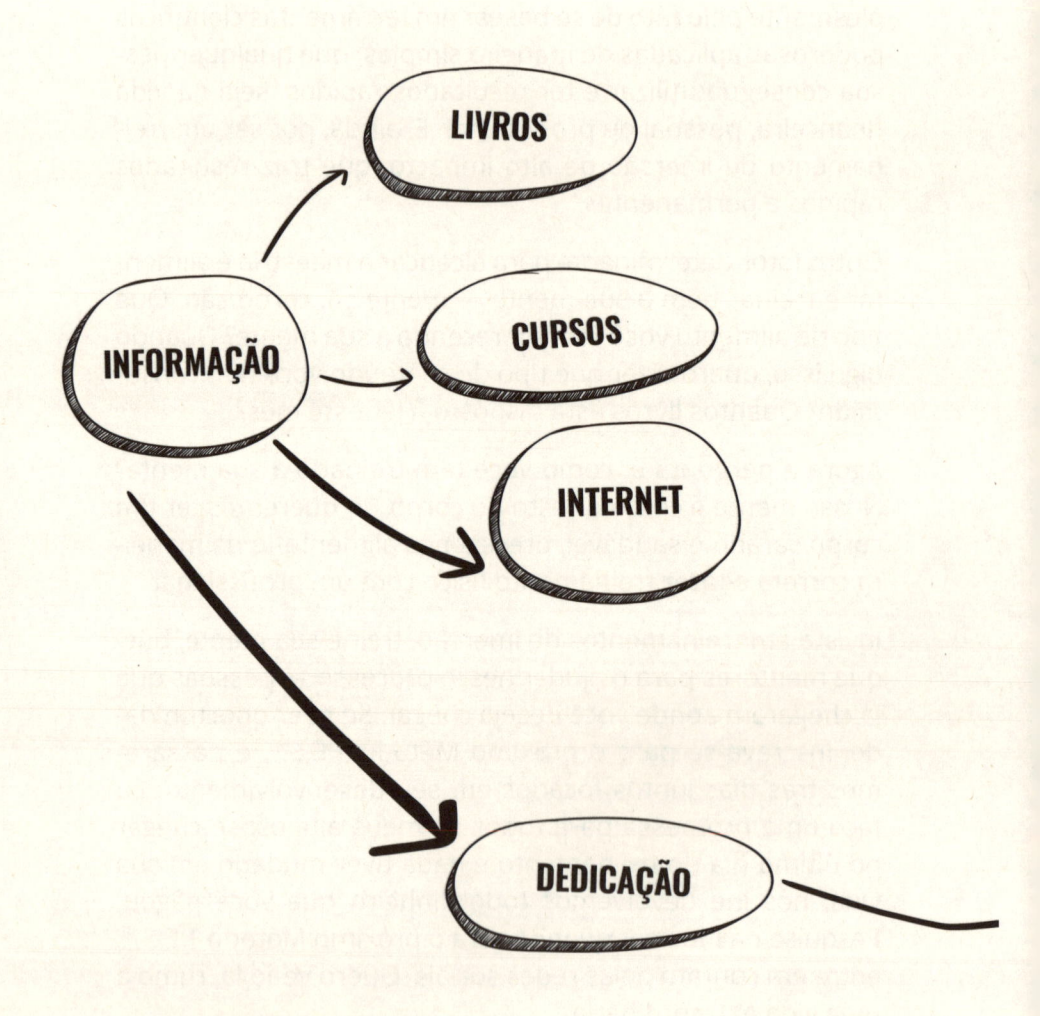

INFORMAÇÃO → LIVROS
INFORMAÇÃO → CURSOS
INFORMAÇÃO → INTERNET
INFORMAÇÃO → DEDICAÇÃO

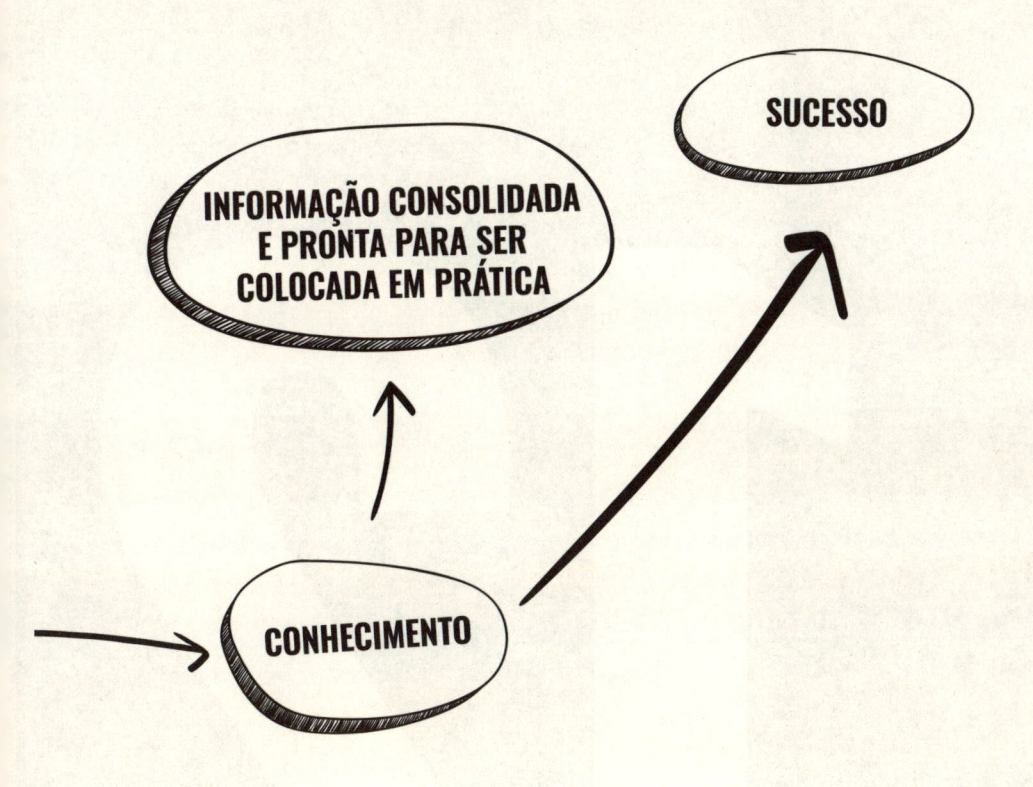

→ CONHECIMENTO → INFORMAÇÃO CONSOLIDADA E PRONTA PARA SER COLOCADA EM PRÁTICA → SUCESSO

12

LUZ E
SOMBRA

Não é olhando apenas para o futuro que conseguirá construir seu legado. Que diferença você quer fazer na vida de quem você ama?

O sucesso exige sacrifícios, mas não podemos deixar de lado as pessoas que amamos. A convivência com a família, a expressão do amor e da gratidão são essenciais para uma vida plena. Seja lembrado pela sua missão, mas também pelas pequenas atitudes com aqueles ao seu redor. Lembre-se de que você é como um espelho para seus filhos — o tipo de pessoa que eles se tornarão depende de seu legado na vida deles.

Seja um exemplo de dedicação, perseverança, sacrifício e determinação, mas não se esqueça de ser fonte de inspiração também para o carinho, a gratidão, a compaixão e o amor.

> **"A luz é a sombra de Deus."**
>
> Albert Einstein

Todos nós temos duas forças internas que regem a nossa vida. Ouvimos falar delas como "luz e sombra" ou "luz e escuridão". Mas, para deixar mais claro, quero chamá-las aqui de "medo e amor", pois estas são as forças-raiz de tudo aquilo que acontece na nossa vida. Tanto o medo quanto o amor estão dentro de nós. É como se houvesse duas sementes dentro de nós, uma do medo e outra do amor, e a que for mais nutrida crescerá e assumirá o controle de nossas vidas.

A maioria da população mundial vive alimentando seus medos, seja da pobreza, da doença, de falar em público, do julgamento alheio, medo de sonhar grande. O medo é a raiz de todas as outras emoções negativas; dele derivam a tristeza, a raiva, a angústia, os ressentimentos... Cada emoção alimentada dentro de nós determina nosso comportamento. Pense: se você estiver triste, seu comportamento não será o de uma pessoa empolgada, motivada, logo, não conseguirá alcançar aquilo que gostaria.

Quantas pessoas vivem o dia inteiro dominadas pelo medo? Quantas passam seu dia sendo servas dele, deixando de fazer aquilo que amam? A vida é muito curta para ficarmos dominados pelo medo.

O que você tem alimentado dentro de si? O amor ou o medo?

O amor é a energia-raiz, a energia central de todas as outras emoções positivas. Do amor, derivam a gratidão, a paz, a calma. Do medo, derivam problemas como a ansiedade, a depressão e os transtornos psicológicos. Então, repito a questão: qual das forças você tem alimentado?

Quando alimentamos o amor e temos sentimentos de alegria, felicidade, nossos comportamentos serão de empolgação e motivação, que, por sua vez, produzirão ações e resultados da mesma magnitude.

Independentemente de que resultado pretenda modificar em sua vida hoje, a primeira coisa que precisa fazer é mudar o que está alimentando dentro de si. Será que está alimentando mais a parte sombria ou mais a luz? Se podemos falar que Deus e o Demônio existem, tanto um quanto o outro habitam dentro de cada um de nós. Portanto, tudo depende de qual dos dois estamos alimentando, qual dos dois nutrimos. E como alimentamos tanto o medo quanto o amor? Por meio de nossos pensamentos, de nossa fala, daquilo que transmitimos para nós mesmos e para os outros ao nosso redor. Onde estão os seus pensamentos? São pensamentos constantes de tudo que pode dar errado, do medo de não conseguir aquilo que você tanto quer na vida? São pensamentos constantes de coisas negativas?

Se buscarmos explicação na física e na física quântica, descobriremos que o átomo tem uma parte sombria própria, seu vazio. Dentro de cada átomo, existe a energia negativa. E é a ela que podemos chamar de medo — ou demônio, se preferir. Porém essa energia só crescerá dentro de você se você permitir, se alimentá-la.

Quer fazer a energia do amor e dos bons resultados em sua vida começar a crescer? Faça-o a partir da alimentação, do que você vê, ouve e sente. Comece a filtrar tudo aquilo que vê, assiste, todas as pessoas com quem convive. Pare de conviver com pessoas vitimistas, pessimistas. O pessimismo é uma droga que vicia e contagia. Portanto, selecione melhor seus amigos. Se não puder se afastar de determinadas pessoas que são de sua família, comece a filtrar o que elas falam. Se começarem a contar notícias ruins, não dê ouvidos. Interrompa-as e saia de perto, pois o que está em jogo aqui é a sua vida, seus resultados.

Até quando deixará que o medo impere em sua vida? Até quando continuará dando forças para ele crescer. A decisão está em suas mãos. Deus e o Demônio estão dentro de você. Você tem um poder divino, gigantesco, dentro de si, que, para crescer, só depende de alimento. Entenda que quando alimentamos esse poder divino, esse poder de Deus, não existe impossível. Talvez exista o improvável, mas que você tornará possível.

Escolha alimentar o amor, pois ele gerará em você alegria, paz, calma e, acima de tudo, gratidão. A cada coisa que for fazer, pergunte-se: "O que estou fazendo agora? A que estou assistindo agora? O que estou ouvindo agora?"

Escolha alimentar a luz dentro de si. Escolha alimentar a energia divina a cada dia. Escolha conscientemente o que nutrirá dentro de si: luz ou sombra, Deus ou o Demônio? A decisão sempre estará em suas mãos. Esta é a decisão dos resultados que você tem hoje na vida. Grande parte depende do alimento mental e emocional que você consome. Pare de focar as coisas ruins, de alimentar mágoas, ressentimentos, coisas que já ficaram no passado. Comece a alimentar a luz dentro de você. Consuma conteúdos de qualidade. Ouça músicas que o coloquem para cima, e não para baixo. A decisão agora está em suas mãos. Decida ter mais amor, mais luz e mais divindade dentro de si.

13

CÓDIGOS DA PROSPERIDADE
NA PRÁTICA

"**Nós nos transformamos** naquilo que praticamos com frequência. A **perfeição,** portanto, não é um ato isolado. É um hábito."

Aristóteles

Neste anexo, pretendo mostrar-lhe alguns caminhos para colocar os códigos em prática em seu dia a dia. A mudança não ocorre da noite para o dia, e, para atingir a maestria em qualquer área de sua vida, é preciso um exercício diário. A transformação só é possível com a substituição de velhos hábitos nocivos por novos hábitos empoderadores.

Tudo isso começa com uma atitude bem básica e que parece bastante óbvia, mas que infelizmente é negligenciada por muitas pessoas: viver o presente.

Você gosta de presente? Já ganhou presente? Com certeza, sim. E, com certeza, gosta de presentes. Desconheço quem não goste. Então, por que muitas pessoas têm rejeitado, a todo instante, um presente? Você me pergunta: "Como assim, Anderson?" Sim! Por mais que gostemos de presentes, muitos de nós temos rejeitado o presente, o momento presente, o aqui e o agora. Você aí sentado, lendo este livro, está no momento presente, que nunca mais vai voltar.

O momento presente é uma dádiva de Deus, algo que nunca mais vai acontecer em sua vida. Mesmo assim, muitos de nós deixamos de vivê-lo — não aproveitamos essa dádiva. A grande maioria das pessoas vive no passado, no futuro ou com foco no outro. Vive remoendo o que aconteceu ontem, ou anos atrás, o que lhe fizeram; ou vive ansiosamente pensando no futuro, no que vai acontecer, no que vai fazer. Ou ainda vive focando o outro, o que o outro tem e o que ela não tem. E, por viver assim, deixa de viver a realidade.

Você com certeza já ouviu esta frase: "Os homens perdem a saúde para juntar dinheiro; depois, perdem o dinheiro para recuperar sua saúde. E, por pensarem ansiosamente no futuro, se esquecem do presente, de forma que acabam por não viver nem o presente, nem o futuro, e vivem como se fossem morrer, e morrem como se nunca tivessem vivido."

Uma pesquisa diz que a grande maioria dos pacientes no leito de morte morre profundamente infeliz com a vida que levou. Sabe por quê? A grande maioria de nós não tem medo de morrer, e sim medo de não ter vivido. E a grande maioria de nós não vive verdadeiramente. Viver verdadeiramente é estar presente, estar no aqui e agora. Não sei em que momento de sua vida você está lendo estas palavras, mas consegue se lembrar exatamente do sabor do seu café da manhã? Lembra-se do cheiro do seu café da manhã ou do seu almoço? Muitas pessoas não se lembram. Sabe por quê? Porque não estavam presentes, estavam apenas "no automático" — no passado, no futuro ou com foco no outro.

Assim, nós acabamos deixando de viver o agora para viver o passado. Jesus Cristo disse assim: "Ninguém que põe a mão no arado e olha para trás é apto para o Reino de Deus." Ninguém que fica olhando para o passado, com o foco no passado, está apto a alcançar o sucesso, a ter uma vida extraordinária, a viver plenamente. Viver plenamente é viver o presente, estar presente. E, quanto ao futuro, ele diz o seguinte: "Não vos inquieteis, pois, pelo dia de amanhã, porque o dia de amanhã cuidará de si mesmo." Quantas pessoas vivem ansiosas?! A ansiedade é o mal do século e é o primeiro passo para se entrar em depressão.

As pessoas vivem ansiosas porque não vivem o presente, porque não focam o aqui, o agora, essa dádiva. Quer viver o presente? Veja que sensacional: perceba o lugar em que está sentado, sua textura. Respire lentamente e observe o caminho que o ar faz ao entrar e ao sair. Isso é viver o presente. É prestar atenção em todos os detalhes. Quantas vezes você estava lendo um livro e, ao chegar ao final da página, teve que voltar, porque não se lembrava do que estava escrito? É porque você não estava vivendo o presente; estava deixando uma parte de sua vida passar, o tempo passar. E você perdeu aquilo!

Tempo é vida, e toda vez que perco tempo, perco vida! Desprezo a dádiva de Deus. Quando nossa mente está no futuro, o corpo sente preocupação, esperança e *ansiedade*. Então, é preciso cuidar de sua mente, pois os seus pensamentos estão demasiadamente no futuro. Comece a administrá-los. E, quando os pensamentos estão no passado, você sente culpa, saudade, arrependimento, ressentimentos, mágoas, ou seja, toda espécie de pensamento negativo que enfraquece seu sistema imune e o deixa mais propenso a ficar doente. Viva o presente! O presente é uma dádiva que Deus lhe deu e que nunca mais voltará! Mesmo que você se sente no mesmo local novamente, mesmo que leia este livro novamente, não será mais o mesmo momento.

Viver o presente é agradecer o aqui, o agora. Outro dia, cheguei em casa do trabalho, peguei minha filha e a deitei em meu ombro, onde ela adormeceu. Nesse momento, eu vivi o presente tão intensamente, fui tão intensamente grato por aquele momento, porque sabia que ele não voltaria, que aquilo nunca mais aconteceria, mesmo que fizéssemos tudo de novo. Apenas agradeci a Deus por isso. E a gratidão é um sentimento que traz coisas boas. Se quer atrair coisas boas para sua vida, seja grato. Grato pelos mínimos detalhes de sua vida. E viva o presente.

Sempre que perceber que sua mente está ansiosa, no futuro, no passado, ou no outro, respire fundo e traga sua atenção para o presente, para o aqui e o agora, para o que está acontecendo. Aprenda o que está acontecendo, fortaleça-se e preste atenção em tudo que está acontecendo, em todos os detalhes. E o mais importante: aproveite este instante!

Muitas pessoas ficam ansiosas por viver o futuro — não conseguem nem controlar a respiração. Nossa respiração tem grande impacto em nossos pensamentos, em nosso sistema nervoso, no sistema emocional. Se as pessoas soubessem controlar a própria respiração, conseguiriam viver o presente, seriam menos ansiosas, conseguiriam mais resultados extraordinários em suas vidas.

Vou ensiná-lo um modelo de respiração para praticar toda vez que estiver ansioso. Com ela, você conseguirá acalmar seu sistema nervoso, seu sistema emocional. Quando uma pessoa está ansiosa demais, a respiração fica rápida e é preciso retorná-la ao ritmo normal. Mas como?

Primeiro: sente-se aí onde está, de uma maneira bem confortável — tente ficar o mais confortável possível. Feche os olhos e respire profundamente. Quero que inspire pelo nariz e solte lentamente pela boca. Repita. Preste atenção no caminho que o ar percorre ao entrar e sair de seu corpo. Faça novamente e então abra seus olhos. Sua atenção está no presente. Isso é viver o presente.

Esta respiração que vou ensinar agora é para acalmá-lo quando estiver muito ansioso. Eu a aprendi e continuei a fazê-la quando estava em depressão, da qual, graças a Deus, consegui sair. Após mudar sua comunicação e sua fisiologia, o primeiro passo a seguir é começar a controlar sua respiração. Esta respiração é chamada de 3-3-6. Não é nada místico, não é simpatia, não é nada religioso, é apenas neurociência para acalmar.

Respire em três tempos (contando 1, 2, 3), segure a respiração em três tempos (contando 1, 2, 3) e solte o ar em seis tempos (1, 2, 3, 4, 5, 6). Este é um truque poderoso para diminuir a ansiedade e para que você foque o presente, a fim de ter mais resultados na vida.

Faça esse exercício todos os dias. Tire pelo menos dois momentos para você, pela manhã e à noite; talvez em sua cama, em um lugar tranquilo. Sente-se, feche os olhos, respire profundamente. Coloque isso em sua agenda, para fazer todos os dias, com sessões de, pelo menos, dois minutos cada — mas, quanto mais fizer, melhor. Isso acalmará o seu sistema nervoso, o sistema emocional. Trará seu foco para o presente, começará a aumentar a produção de serotonina e muitas coisas começarão a acontecer em sua vida. Faça disso um hábito.

Você é uma pessoa que conduz sua vida ou é escravo de seu tempo? É aquele tipo de pessoa que fala que o dia precisava ter mais horas? Isso acontece quando não fazemos nossa gestão de tempo da maneira certa e eficiente. Christian Barbosa, autor e empresário brasileiro, desenvolveu um método eficaz de gestão de tempo que acho muito bacana.

Em seu livro sobre gestão de tempo, ele fala das três áreas em que precisamos dividir o nosso tempo. Há o "tempo de urgência", o "tempo de importância" e o "tempo circunstancial". Na urgência, devemos enquadrar todas as coisas que são feitas com pressa, ou seja, tudo aquilo que apareceu para fazer e você precisa fazer rápido — o que gera estresse. Na área de importância, incluímos tudo aquilo que gera resultados e que você faz com prazer e ao que deve dedicar tempo. Na área circunstancial, está tudo que desperdiça tempo e que não é necessário.

Quanto tempo de seu dia você está reservando para sua família?

Quanto está reservando para sua área espiritual? Quanto para sua saúde? Quanto para entender sua vida financeira?

As primeiras áreas que precisamos focar são as áreas importantes. Precisamos, todos os dias, reservar tempo para as áreas mais importantes da vida. Quais são elas? Familiar, espiritual, saúde, financeira, intelectual. Então, quanto tempo de seu dia você está reservando para sua família? Quanto está reservando para sua área espiritual? Quanto para sua saúde? Quanto para entender sua vida financeira? Quanto tempo está dedicando à área intelectual? Quantos livros está lendo? Quantos cursos está fazendo? Estas são as áreas importantes, que nos levam ao próximo nível, e precisamos dar foco a elas.

Quanto tempo você tem por dia? Subtraia o tempo de sono, sejam seis ou oito horas, e o que sobrar é o que tem à sua disposição. Dedique 10% à esfera de circunstâncias — aquele telefonema que apareceu, um encontro circunstancial etc. Vinte por cento devem ser dedicados à esfera de emergência, o que não pode ser deixado para depois. Os 70% restantes são para a área de importância — família, espiritual, intelectual, financeira.

Tudo que você precisa é compreender como fazer a gestão de seu tempo. Existem vários aplicativos para isso. Se quiser fazer em uma agenda, tudo bem. Se for usuário do sistema Android, existe o Google Agenda para esse fim — e que é muito simples de usar. Procure-o e aprenda a usá-lo. Não desperdice energia de seu cérebro para se lembrar — reserve-o para ter ideias, para inovação. Se quiser, ou precisar lembrar, anote.

"Com organização e tempo, acha-se o segredo de fazer tudo e bem feito."
Pitágoras

Sua semana deve ser programada já no domingo à noite, quando deve reservar um tempo para elaborar sua agenda semanal — o que fará da segunda-feira até o sábado ou até o domingo seguinte. Organize tudo na agenda do Google e ative o alarme para que seja avisado do que precisa fazer naquele momento. Faça a divisão do dia levando em conta as porcentagens que citei anteriormente.

Uma vez feita a divisão, coloque na agenda suas áreas de importância. Suponhamos que o tempo disponível para essas áreas sejam cinco horas. Você vai dedicar uma hora para cada uma delas.

Se, por acaso, você deixar de realizar alguma atividade agendada, não tem problema. Nem sempre é possível segui-la à risca. Mas mantenha a agenda como um guia do que precisa fazer e vá se adequando a ele, pois, se não se tem uma agenda, uma definição do que fazer, qualquer coisa serve. Então, adéque-se à sua agenda.

Aprenda a dizer não às coisas que tiram o seu foco, que o fazem sair da agenda. Por exemplo, uma "reponen" (reunião de porra nenhuma). Há empresas que marcam reuniões em que se fala, fala, mas não se chega à conclusão alguma. Diga não a essas reuniões. Pergunte se o assunto pode ser resolvido por e-mail, pelo WhatsApp; proponha resolver de maneira mais eficaz. Pergunte qual o objetivo da reunião, porque, sem isso, não há sentido participar dela. Outro ponto importante para uma reunião não desperdiçar seu tempo é que ela precisa ter um líder, alguém que a comande. Muitas vezes, reuniões são um caos, todos falando ao mesmo tempo. É preciso alguém que organize isso, para que a reunião seja sucinta e, assim, economize seu tempo.

Outro detalhe para que uma reunião seja eficaz é que ela deve ter metas específicas, qual o objetivo dela, a meta de cada participante e como eles vão atingi-la. Caso contrário, será mais uma "reponen" que tomou seu tempo — e *tempo é vida*!

Na organização de sua vida e gestão do seu tempo, uma coisa que você deve ter em mente é que é preciso separar um tempo para determinadas coisas, para áreas importantes, tempo circunstancial e emergências. No tempo circunstancial, está tudo aquilo que você precisa fazer, mas que, muitas vezes, não o levam em direção ao seu objetivo. Separe um tempo de seu dia para responder ao WhatsApp, aos e-mails, para fazer ligações, se isso não for primordial para levá-lo ao seu objetivo. Se você usa o WhatsApp para vender, precisará de mais tempo para ele durante o dia, mas se o usa apenas para responder colegas, reserve um momento específico para isso. Eu informo em meu WhatsApp que só o respondo duas vezes por dia — de manhã e à tarde — e digo: "Se for urgente, me ligue." É bom que essa seja sua primeira tarefa do dia, pela manhã, antes de começar seu trabalho.

Agora vou lhe apresentar uma excelente ferramenta de gestão de tempo. A "Matriz de Eisenhower". Do que se trata? A Matriz de Eisenhower ajuda você a identificar e otimizar as tarefas de seu dia. Com ela, você conseguirá classificar suas ações entre: as que lhe tomam tempo e que podem ser deletadas de seu dia a dia; as que podem ser delegadas para outra pessoa, as que precisam ser iniciadas, mas que você ainda não o fez; e as que podem ser feitas mais tarde.

A matriz é dividida em quatro quadrantes, que classificam as ações em níveis de importância e urgência.

	URGENTE	NÃO URGENTE
IMPORTANTE	I QUADRANTE "INICIAR"	II QUADRANTE "PROGRAMAR"
NÃO IMPORTANTE	III QUADRANTE "DELEGAR"	IV QUADRANTE "DELETAR"

Então, na coluna "deletar", insira tudo que não é importante para sua missão e nem urgente, mas que toma seu tempo — como responder ao WhatsApp, entrar em grupos, mídias sociais. No quadrante "agendar", coloque tudo que é importante e lhe gera resultados, mas que não é urgente — aqui também se enquadram as atividades ou habilidades que você precisa desenvolver ou treinar/aprimorar. Por exemplo, minha missão é dar treinamento, mas fazer edição de vídeo, de foto, me traz resultados, porque é assim que gero conteúdos nas redes sociais. Em "delegar", coloque tudo que é urgente, lhe toma tempo, mas não está associado à sua missão (por isso não é importante) e pode ser delegado — por exemplo, minha missão é dar treinamento, mas preciso ir ao banco, ao mercado; tudo isso pode ser delegado a alguém. E, em "iniciar", tudo que é importante, urgente e está diretamente associado à sua missão.

Vou dar algumas ideias. Por exemplo, na coluna "deletar", escreva que você vai acessar o WhatsApp duas vezes por dia; se estiver perdendo muito tempo com joguinhos de celular, anote também; se estiver comendo algum alimento que tira sua energia, pode acrescentar; conversas sem resultados; "reponen" (reunião de porra nenhuma); se estiver cadastrado em lista de e-mail que só fica mandando promoções, inclua na lista e se descadastre, porque, querendo ou não, perderá tempo tendo que deletá-las.

Na coluna e no quadrante de "programar", anote tudo que é importante para sua missão, mas não é urgente. Assim é possível reservar um tempo para fazê-lo, como o exemplo que dei anteriormente, de gravar vídeos para mídias sociais e aulas de treinamento. Embora esta não seja minha missão direta, é fundamental para o meu objetivo. Aqui você poderia incluir cursos de aperfeiçoamento, idiomas, habilidades relevantes para sua missão e que o ajudarão a chegar aonde deseja.

O outro quadrante é o "delegar". Aqui você deve incluir as atividades urgentes, mas que não são importantes para a sua missão (embora possam ser importantes no geral). Por exemplo, ir ao banco, ir ao supermercado. Óbvio que estas são atividades importantes no dia a dia de todo mundo, mas apesar de urgentes (por terem prazo ou serem necessárias naquele momento) podem ser delegadas a terceiros. No meu caso, incluo neste quadrante a edição de vídeos, embora a gravação do vídeo dependa de mim, a edição não. Posso perfeitamente delegá-la para uma empresa ou um profissional capacitado.

Em "iniciar", anote tudo aquilo que é importante (em relação à sua missão e seus objetivos) e urgente. Aqui não adianta simplesmente fazer uma lista, é preciso atribuir datas e horários e cumpri-los rigorosamente. Esse módulo de tempo e objetivos é o que traz mais resultados. Experimente, crie sua matriz de Eisenhower e publique nas redes sociais: #inabalável.

Outro ponto importantíssimo, após ter feito a Matriz de Eisenhower, é entender a importância de queimar pontes. O que é isso? É não ficar esperando o perfeito para começar o que você colocou em "iniciar", como começar um novo curso, iniciar uma leitura ou abrir a própria empresa. Muitas vezes, as pessoas ficam esperando o momento ou as condições perfeitas para agir, mas o perfeito pode nunca acontecer. Então, apenas faça! Enquanto você está esperando, outras pessoas estão fazendo.

Queimar pontes é não dar opção para o fracasso. Quando desistir não for uma opção, seu sucesso será inevitável. Então, comece a pensar nisso. O que você pode fazer para as coisas começarem a acontecer na sua vida? Queime as pontes que lhe permitiriam voltar para onde estava e desistir.

Já mencionei anteriormente que, quando fui fazer meu primeiro treinamento, não tinha dinheiro. Em vez de desistir, dei cinco cheques e me forcei a ter dinheiro para honrá-los. Queimei pontes!

Quais são as pontes que você pode começar a queimar? O que pode começar a fazer hoje, amanhã, sem aguardar estar perfeito? Em startups, chamamos isso de "mínimo produto viável". Comece a pensar nisso.

Outro aspecto importante para incorporar em seu dia a dia é a prática da "psicologia positiva". Historicamente, a psicologia se preocupa com tratar as patologias mentais, mas, muitas vezes, negligencia o lado saudável do ser humano. Assim, a psicologia tradicional visa tratar o problema, enquanto a psicologia positiva visa evitar sua ocorrência. Ou seja, é o velho ditado na prática: é melhor prevenir do que remediar.

A psicologia positiva se assenta sobre três pilares:

1. A emoção positiva (focar o lado positivo das coisas);

2. As habilidades das pessoas, como inteligência, capacidade, desenvolvimento;

3. As instituições positivas, como democracia, família, liberdade e pertencimento.

Emoção positiva é focar o lado bom da vida, o lado positivo dos acontecimentos. Todo acontecimento tem, pelo menos, dois lados, e nós escolhemos qual dos dois queremos focar. Comunicação, fisiologia positiva, corpo, rosto (sorriso no rosto) e não ficar trancado dentro de casa. Então, emoção positiva é o primeiro pilar que você precisa implementar em sua vida — tome nota.

Junto à emoção positiva, há algo que é muito importante: a gratidão. Este é um sentimento que atrai coisas boas. Você é grato de verdade? Até pelos acontecimentos ruins? A gratidão de verdade envolve também ser grato pelos acontecimentos ruins, pois deles extraímos grandes lições. A gratidão deve emanar dos mínimos detalhes, deve ser experienciada nos menores gestos. Deve nascer no olhar de seu filho, de sua mãe, da pessoa que está ao seu lado, das pessoas que você ama; deve emanar de viver o momento sabendo que ele nunca mais voltará. Isso é gratidão de verdade. Então, viva-a!

Diga-me agora três coisas pelas quais você é grato. Por quais coisas pode expressar gratidão? Pelos seus pais, pelo seu filho, pela sua filha, pelo seu emprego, pela sua saúde, pela sua vida...?

Isso é emoção positiva. O primeiro pilar. Está na comunicação e na fisiologia positiva, em colocar um sorriso no rosto. Quando alguém lhe perguntar como está, diga: "Estou ótimo e ficando cada vez melhor!" Evite ficar trancado dentro de casa; relacione-se com as pessoas, mesmo que não se sinta muito à vontade. Saia, faça uma caminhada ao ar livre. Foque o lado positivo da vida.

O segundo pilar é o "estado de *flow*". O estado de *flow* é a concentração, é trazer sua atenção para o agora, todos os dias, pelo menos de dois a dez minutos de manhã e à noite. Tire um tempo para si, respire profundamente, relaxe.

Busque atividades que lhe deem prazer, nas quais você não perceba o tempo passar. Nas quais fique tão imerso, tão feliz e positivo, que perca a noção do tempo. Isso é o estado de *flow*. Para algumas pessoas a atividade física é assim. E mesmo que você não seja um grande adepto de atividades físicas, com o hábito e a prática, esse momento também acabará se transformando em um momento de prazer. A liberação de hormônios gera uma sensação de prazer duradoura capaz de energizar todo seu dia. Então, mesmo que não seja um grande fã de atividades físicas, crie este hábito. Comece devagar, um pouco por dia. Faça uma caminhada, corrida ou pratique um esporte, qualquer coisa. Transforme esse momento em hábito e perceba como se sente com o passar do tempo.

> **Somos seres humanos, passamos por tristezas, e é muito natural! Mas depende de nós aprender a lidar com nossos estados emocionais.**

Se hoje você não consegue pensar em nenhuma atividade que lhe dê essa sensação de prazer e positividade, pense em alguma coisa que já gostou de fazer e volte a praticar. Em breve, de tanto repetir, seu cérebro formará novas sinapses e você recuperará o prazer que sentia antes. É normal que nos sintamos tristes de vez em quando, mas não é normal ficar triste todo dia. E, se isso está acontecendo com você agora, saiba que é possível sair dessa tristeza — só depende de você. Estou lhe entregando as ferramentas aqui! Não estou dizendo que daqui para frente você será feliz o resto da vida, todos os dias, 24 horas por dia — ninguém é assim! Somos seres humanos, passamos por tristezas, e é muito natural! Mas depende de nós aprender a lidar com nossos estados emocionais.

Então, coloque em prática tudo que estou lhe falando aqui. Faça os exercícios de relaxamento; pratique o estado de *flow*; cuide de sua saúde: beba muita água, sorria, cuide de sua alimentação — nosso intestino é nosso segundo cérebro! Pense nisso! Você cuida de sua alimentação ou se empanturra de alimentos hipercalóricos e superprocessados? Está comendo quando sente fome ou quando sente vontade? Pois ter fome e ter vontade de comer são duas coisas diferentes. Se estiver comendo por vontade, está alimentando sua ansiedade, tentando preencher um vazio que nunca será preenchido com comida; você só vai engordar e acabar com sua saúde. Então, cuide de sua alimentação!

O terceiro pilar é muito importante: o pertencimento.

O que é pertencimento? Ao menos duas vezes na semana, você precisa se reunir com outras pessoas, com um grupo de pessoas de que gosta, seus amigos, ou pessoas de sua igreja, de sua religião. E, pelo menos uma vez por semana, deve cuidar de sua espiritualidade. Independentemente de sua religião, cuide de seu espírito, de seu bem-estar espiritual. Ponha em prática tudo de que estou falando e verá os resultados. Não tem como você não ter uma vida extraordinária, não tem como não alcançar o sucesso em todas as áreas de sua vida! Este é o primeiro passo para alcançar qualquer tipo de sucesso, seja financeiro, seja nos relacionamentos ou na profissão. O primeiro passo é cuidar de você. É como quando estamos no avião e a aeromoça fala que as máscaras de oxigênio cairão: primeiro, devemos colocá-la em nós mesmos; depois, nos outros. Para cuidar de outras pessoas, primeiro eu tenho que cuidar de mim. Se quiser ter resultados extraordinários nas finanças, nos relacionamentos, primeiro preciso cuidar de mim. Pois, se eu não estiver bem, não conseguirei os resultados que desejo.

Então, coloque em prática tudo que aprendeu aqui. Assim, alcançará alta performance em todas as áreas de sua vida!

MENSAGEM FINAL

OBJETIVO SUPREMO: PLANTAR PARA COLHER

Se este livro agregou valor à sua vida, empreste-o para alguém ou, melhor ainda, plante uma semente: compre outros exemplares e dê esse presente às pessoas que você ama. Com toda certeza, será um dos melhores presentes que você vai dar a essa pessoa. É uma maneira de você participar de uma corrente do bem e fazer a diferença neste mundo.

Agora, se você ganhou este livro de presente, mande uma mensagem neste instante para a pessoa que o presenteou, agradecendo por ela participar da transformação da sua vida, e diga a ela quem serão as próximas pessoas que você colocará nessa corrente do bem de leitura, doando este livro ou presenteando com um novo exemplar.

. . . .

Quem vence os outros é forte; quem vence a si mesmo é inabalável.

Gratidão eterna, e nos vemos no Método T.E.S.®.

Anderson Luíz

Referências Bibliográficas

BARBOSA, Christian. **A Tríade do Tempo.** São Paulo, Editora Buzz, 2018.

CARROLL, Lewis. **Alice no País das Maravilhas.** Rio de Janeiro: Editora Zahar, 2010.

CLEAR, James. **Hábitos Atômicos.** Rio de Janeiro: Editora Alta Books, 2019.

CUDDY, Ammy. **Sua Linguagem Corporal Molda Quem Você É.** Ted Talk, 2012. Disponível em: https://www.ted.com/talks/amy_cuddy_your_body_language_may_shape_who_you_are?language=pt-br.

HAIDT, Jonathan. **The Happiness Hypothesis.** Nova York: Editora Basic Books, 2006.

HILL, Napoleon. **Pense e Enriqueça.** Rio de Janeiro: Editora Best Seller, 2019.

SELIGMAN, E. P. Martin. **Florescer.** Rio de Janeiro: Editora Objetiva, 2011.

TALEB, Nassim Nicholas. **Antifrágil: Coisas que se beneficiam com o caos.** Rio de Janeiro: Editora Best Business, 2014.